# CELULAR

## DEMOCRÁTICO OU AUTORITÁRIO?

Proibida a reprodução total ou parcial em qualquer mídia
sem a autorização escrita da editora.
Os infratores estão sujeitos às penas da lei.

A Editora não é responsável pelo conteúdo deste livro.
A Autora conhece os fatos narrados, pelos quais é responsável,
assim como se responsabiliza pelos juízos emitidos.

Consulte nosso catálogo completo e últimos lançamentos em **www.editoracontexto.com.br**.

# Neuza Sanches

# CELULAR

## democrático ou autoritário?

Copyright © 2022 da Autora

Todos os direitos desta edição reservados à
Editora Contexto (Editora Pinsky Ltda.)

*Montagem de capa e diagramação*
Gustavo S. Vilas Boas

*Preparação de textos*
Lilian Aquino

*Revisão*
Bia Mendes

Dados Internacionais de Catalogação na Publicação (CIP)

Sanches, Neuza
Celular : democrático ou autoritário? / Neuza Sanches. –
São Paulo : Contexto, 2022.
128 p.

Bibliografia
ISBN 978-65-5541-158-4

1. Comunicação 2. Interação social 3. Sociologia
4. Telefone celular 5. Fake News 6. Política I. Título

22-2576                                                    CDD 302.4

Angélica Ilacqua – Bibliotecária – CRB-8/7057

Índice para catálogo sistemático:
1. Comunicação – Interação social

2022

EDITORA CONTEXTO
Diretor editorial: *Jaime Pinsky*

Rua Dr. José Elias, 520 – Alto da Lapa
05083-030 – São Paulo – SP
PABX: (11) 3832 5838
contexto@editoracontexto.com.br
www.editoracontexto.com.br

"Que tempos são estes em que temos
de defender o óbvio?"

Bertolt Brecht

À Carolina e ao Luigi,
toda minha torcida.

# Sumário

APRESENTAÇÃO
**O BEM E O MAL NAS SUAS MÃOS**......... 9

**O RATO QUE RUGE** ......... 13
    Pré-pago: *made in Brazil* ......... 13
    Sinal sem fronteiras ......... 19
    5G: o futuro agora ......... 23

**TRIBUNA DE HONRA** ......... 27
    Quando a "arma" dispara ......... 27
    Não desliga nunca, nem na pandemia ......... 36

**A LANTERNA NA POPA** ......... 41
    O "Uber" do trabalho ......... 41
    Um Gutenberg digital ......... 46

**A SOCIOLOGIA E A POLÍTICA DE JOELHOS** ......... 51
    Estou conectado, logo existo ......... 51
    O grito do silêncio ......... 59
    O bem e o mal ......... 61
    Gritos e sussurros ......... 63

O OVO DA SERPENTE...............................................67

Quando mentira e verdade se misturam...........67
A palavra do ano.............................................73
Na cauda de um foguete...................................78
O "gosto" por *fake news*................................85
Rede sem regras?..............................................88
A pressão dos governos....................................94

CONCLUSÃO.......................................................97

Arma ao alcance de todos................................97
Nada será como antes.......................................99
Humilhados e ofendidos.................................100
A sangue-frio...................................................103
Ensaio sobre a lucidez....................................106

LINHA DO TEMPO...........................................111

POSFÁCIO.........................................................115

Notas.................................................................119

Bibliografia......................................................121

A autora............................................................125

Agradecimentos...............................................127

APRESENTAÇÃO

# O BEM E O MAL NAS SUAS MÃOS

Democrática ou autoritária? Essa maquineta tecnológica com apenas 7 milímetros de espessura, a depender do modelo escolhido, e em torno de 140 gramas – menos do que uma xícara de açúcar – tem sido uma arma poderosa nas mãos dos brasileiros, capaz até de abalar os alicerces das instituições democráticas. É a nova carteira de identidade? Ou um daqueles canivetes suíços com múltiplas ferramentas? Só que, aqui, digitais. Muitos podem achar que o celular é apenas uma ferramenta tecnológica. Democrática. Do bem... Será? Este livro aborda, de forma inédita, o uso do celular pelos brasileiros e reflete com você, leitor, sobre até que ponto esse dispositivo chegou: à condição de imprescindível em nossas vidas, ópio virtual, oferecendo um poder incomparável no mundo contemporâneo. Vamos entender melhor o poder desse pequeno aparelho onipresente.

Você acorda com o despertador do celular e, a partir desse momento, ele passa a comandar o seu dia. O primeiro reflexo é olhar o clima – vai chover, será dia de calor ou frio. Como está o trânsito também é visto ali. Notícias – publicadas por jornais digitais, agências, *headlines* ou por rádios, *podcasts*, YouTube, TVs por assinatura ou mesmo canais de TV abertos... Está tudo à disposição para ser lido, visto, assistido, ouvido. Chega a hora do almoço... Pede e paga comida pelo celular, chama o táxi, confere o extrato do banco, agenda a consulta médica, lê as notícias mais recentes novamente, participa de uma reunião do trabalho por videochamada, vê a "receita perfeita" de bolo de chocolate numa rede social.

Já esqueceu o celular em casa e voltou para buscá-lo? Se isso ainda não ocorreu com você, com certeza você voltará caso aconteça. Impossível a separação. É um vício. Síndrome, aliás, que até já ganhou um nome entre estudiosos: nomofobia, criada na língua inglesa, derivada da junção da expressão "no mobile" com o grego "phobos", para indicar o medo irracional de ficar sem contato com o celular.

Mas foi com a disseminação dos aplicativos de comunicação pessoal e com a explosão das redes sociais, reunindo bilhões de pessoas ao redor do mundo, do seu vizinho de andar até o habitante do mais distante país, que o celular ganhou as características que se pretende analisar neste livro: um instrumento também para criticar ou defender pessoas, governos, partidos políticos, empresas, serviços públicos. Construir ou destruir reputações. Uma arma contra ou a favor das instituições.

O fato de estarmos conectados o tempo inteiro, produzindo conteúdo de forma quase automática e instantânea (ao postar comentários e vídeos, dar *likes* ou repassar mensagens recebidas de outras pessoas), cria não só uma relação de dependência, mas também uma sensação de poder ao alcance das mãos. Uma fagulha, e o incêndio se espalha pelo campo inteiro.

Ou não foi assim que as manifestações que sacudiram o país de Norte a Sul em 2013 ganharam força? Foi um marco na política nacional. Começaram como um protesto contra o aumento das passagens de ônibus em São Paulo. Logo, o movimento se tornou difuso em suas reivindicações e, principalmente, de seus líderes, todos de celular na mão. Em outubro de 2018, imagens de manifestantes bloqueando estradas ganharam as redes sociais e sites na França, no que ficou conhecida como a revolta dos "coletes amarelos". Como no Brasil, o protesto dos franceses, que começou espontaneamente, se espalhou pelo território nacional.

O escritor e professor norte-americano Clay Shirky, considerado uma espécie de "guru" das modificações introduzidas pela hiperconectividade, vai ao ponto: "Quando mudamos a maneira de nos comunicarmos, mudamos a sociedade".

É fato. Somos agentes, catalisadores e testemunhas dessa transformação. É o bem e o mal ao alcance de todos. O celular padece da imperfeição do ser humano. Nele, nem tudo é bom. Nem tudo é ruim. É como se o celular fosse a versão tecnológica da obra *O médico e o monstro*, de R. L. Stevenson. Dependendo de como se usa a poção mágica, pode mostrar seu lado mais sombrio.

Há quem afirme que o celular criou um verdadeiro faroeste digital. Se por um lado ajuda a disseminar a informação de forma democrática, também tem servido de veículo para propagar inverdades e dados distorcidos. Seu efeito se faz sentir também no mercado de trabalho. É um instrumento importante para transformar a vida de micro e pequenos negócios, ajudando a atingir novos clientes e parceiros. Mas o lado "monstro" pode ser conferido na rotina de entregadores de aplicativos de comida ou de transporte, transformados em eternos subempregados. Depois de ler esta obra, olhe para o seu celular. Espero que você nunca mais o veja apenas como um aparelho tecnológico útil e inofensivo. Afinal, você é portador de uma arma, de porte legal... Mas uma arma. Tem usado sua arma neste faroeste digital? Contra ou a favor da democracia?

# O RATO QUE RUGE

### PRÉ-PAGO:
### *MADE IN BRAZIL*

Poucas invenções recentes mudaram tanto a nossa rotina – da vida em família ao trabalho – quanto o telefone celular, cuja "paternidade" é atribuída ao engenheiro americano Martin Cooper. O primeiro protótipo do seu aparelho foi apresentado ao mundo em 3 de abril de 1973, em Nova York. Batizado de DynaTAC, abreviação de "Dynamic Adaptive Total Area Coverage" (ou, em tradução livre, Cobertura Dinâmica Adaptativa de Área Total), pesava cerca de um quilo e sua bateria não durava mais do que 20 minutos.

Cooper era funcionário da Motorola, então uma pequena empresa do ramo de telecomunicações nos Estados Unidos. A gigante da época era a AT&T, que também trabalhava no desenvolvimento de uma tecnologia para aparelhos móveis. A diferença era que os modelos da AT&T seriam instalados nos carros, ou seja, de alguma forma ainda continuariam dependendo de cabos, diferentemente do projeto da equipe integrada por Cooper.

A história deu razão a Cooper. Quase meio século depois, estimativas indicam que mais de 3,8 bilhões de pessoas são donas de pelo menos uma linha de celular. *Grosso modo*, isso corresponde a 50% da população do planeta.

Em entrevistas, ele contou que a inspiração veio do pequeno rádio transmissor usado no pulso pelo detetive Dick Tracy, personagem de quadrinhos criado pelo cartunista Chester Gould no longínquo 1931. Caso clássico em que a ficção científica serviu de trampolim para o gênio humano.

O telefone móvel começou a ser usado comercialmente nos Estados Unidos na década de 1980. No Brasil, fez seu *début* no início da década de 1990, com certo atraso. Na época, somente 70 brasileiros privilegiados tiveram o gostinho de manusear os primeiros aparelhos, também da marca Motorola e operados pela antiga Companhia Telefônica do Rio de Janeiro (Telerj).

Logo apelidados de "tijolão", tinham quase quatro dedos de espessura, uma antena com um palmo de altura e cabiam com dificuldade em uma bolsa de mão. Além de desajeitados de corpo, eles também pesavam na carteira: só o preço da linha passava dos US$ 2 mil, sem contar o valor do aparelho.

Algo inconcebível hoje, os celulares da época serviam apenas para... fazer ligações telefônicas – isso quando havia sinal, claro. O sistema era analógico, e torres para retransmissão dos sinais eram raríssimas nas cidades, como oásis em desertos. Esticar o braço para cima, entrar debaixo de uma mesa: valia de tudo para conseguir uma "barrinha" a mais no visor, indicando se havia ou não conexão.

O Brasil de então respirava os ares de redemocratização, depois de 21 anos de ditadura militar, as bilheterias dos cinemas eram dominadas por filmes como *Ghost: do outro lado da vida* e *Uma linda mulher* e o ocupante do Palácio do Planalto era Fernando Collor de Mello, um ex-governador de Alagoas que se elegeu com a marca de "caçador de marajás" (como a história mostrou depois, ele próprio acabando como alvo do Congresso e da Justiça). Vivia-se também o temor despertado pelas maquinetas de remarcação de preços nos supermercados, que funcionavam em ritmo de hiperinflação.

Em termos mercadológicos, o grande salto só veio mesmo no final da década, mais especificamente depois de 29 de julho de 1998, quando o governo Fernando Henrique Cardoso promoveu de uma só tacada 12 leilões consecutivos para a privatização de ativos originários do Sistema Telebrás. Quem se der ao trabalho de vasculhar os jornais da época vai encontrar duas informações em destaque sobre a licitação. A primeira delas se refere ao próprio sucesso da operação: todas as empresas oferecidas tiveram comprador e a arrecadação alcançou R$ 22 bilhões, com um ágio (uma diferença) de 63% em relação ao preço mínimo estipulado nos editais. Corrigida pelo IPCA, que é o índice oficial de inflação do país, essa cifra passaria hoje dos R$ 88,1 bilhões.

Os jornais também deram espaço para noticiar a grande confusão que tomou conta de oito ruas próximas à velha Bolsa de Valores do Rio, palco da venda, no centro da capital fluminense. Pelo menos 44 pessoas saíram feridas nos confrontos entre policiais militares e militantes de movimentos e partidos contrários à privatização. Para os manifestantes, o governo estava vendendo o Sistema Telebrás "a preço de banana".

Quem viveu aquela época sabe como funcionava o monopólio da Telebrás. Como faltavam recursos públicos para bancar uma expansão mais acelerada da rede, as linhas eram escassas e caras – a ponto de virarem até uma opção de investimento, algo que os pais deixavam de herança para os filhos. O tempo de espera para a instalação de um número de telefone fixo chegava a dois anos.

A entrada das empresas privadas produziu uma revolução no setor. Se em 1998 o país contava com pouco mais de 4,6 milhões de linhas de celulares, hoje esse número alcança quase 247 milhões de unidades em uso, de acordo com dados de julho de 2021 da Agência Nacional de Telecomunicações (Anatel), responsável por regular o setor no Brasil. Como a população total do país é estimada em 211 milhões, proporcionalmente isso representa mais de uma "arma" por habitante. Tem mais celular do que gente!

Há uma expressão técnica para se referir a essa expansão: índice de densidade ou penetração da telefonia móvel. O indicador do Brasil se compara ao de nações desenvolvidas como Estados Unidos e países da Europa, marcando um contraste com aquele outro Brasil que ainda convive com números precários em setores como o de saneamento básico.

Segundo especialistas, fatores como a melhoria da infraestrutura para instalação da tecnologia (torres, fios e cabos) e a possibilidade de acesso a uma miríade de serviços digitais, seja para lazer ou trabalho, ajudam a explicar o crescimento do uso do celular pelo brasileiro. Igualmente, a criação do formato pré-pago – uma "jabuticaba" local, no sentido de único ou pioneiro – ajudou a derrubar os custos de manutenção de um aparelho e a catapultar as vendas. Uma criação imbatível que mudou toda a trajetória da telefonia móvel individual no Brasil.

"É uma invenção do brasileiro. Ajudou muito o brasileiro a entrar no mundo do celular e a não ter medo de uma conta mensal", afirma Amos Genish, com a experiência de quem fundou a antiga GVT (Global Village Telecom) e comandou as operações das gigantes de telefonia TIM e Vivo no Brasil.

O pré-pago foi uma porta de entrada para muitos brasileiros e, durante muito tempo, deu as cartas no mercado. Até 2015, respondia por 80% do total de acessos de telefonia móvel no país. Essa relação hoje, segundo a Anatel, se inverteu: pouco mais de 47% são aparelhos pré-pagos e 52%, pós-pagos. Segundo especialistas, essa mudança tem a ver, por exemplo, com a percepção de benefícios dos pacotes oferecidos nos serviços pós-pagos (como aplicativos ilimitados), além da possibilidade de contratar planos familiares com custos que podem ser majorados ou reduzidos, a depender do orçamento do consumidor.

Com a experiência de quem já morou na Itália e na Espanha, Genish diz que o brasileiro dedica muito mais tempo ao celular do que usuários de outros países. "O brasileiro quer buscar muita informação, quer comunicar mais, quer postar mais. É uma cultura brasileira. Até no aniversário não ligam mais: mandam WhatsApp. E acabou." E por que o celular deu tão certo no Brasil, que sofre com uma das maiores desigualdades sociais do mundo? "O celular democratizou muito o acesso à internet e a outros aplicativos pelo fato de que não é todo mundo que tem computador em casa, wi-fi", explica o executivo, citando ainda a reduzida base dos serviços de banda larga no país. "Dá para usar a internet e seu custo e uso de dados diminuíram muito com os aplicativos e isso dá muito poder na mão do consumidor. Hoje, a educação no Brasil não passa mais pela TV. Você tem tudo on-line pelo celular. E, nas compras, pode escolher produtos em plataformas diferentes, mais baratos, com ofertas diretas. Você pode ter o *digital banking*, que está popular, abrir conta fácil, para classes D e E."

A partir da popularização do celular, surgiu o tsunami dos consequentes efeitos de seu uso. É como um novo pecado capital, como se o brasileiro não resistisse mais à tentação que está sobre a cabeceira ao lado de sua cama, um aparelho que, por exemplo, acende as luzes para dizer que alguém em algum lugar do planeta lembrou-se dele. Ou mesmo que um robô, programado pelo usuário ou por outros, entrou em contato para informar, desinformar ou simplesmente lembrá-lo de algum compromisso à beira do esquecimento. Ou ainda para falar com amigos pelo WhatsApp, ver o que está rolando nas redes sociais como LinkedIn, Twitter e Instagram. "As pessoas, em média, têm substancialmente mais amigos no Facebook do que off-line. Esses laços de amizades frágeis facilitados pelo Facebook têm maior probabilidade de envolver pessoas com visões políticas opostas", analisa o cientista Seth Stephens-Davidowitz.[1]

## SINAL SEM FRONTEIRAS

Uma forma de aferir o desenvolvimento do mercado de telefonia celular no Brasil é olhar para as sondagens produzidas pelo Instituto Brasileiro de Geografia e Estatística (IBGE), com metodologia reconhecida internacionalmente. Em 2019, realizou a Pesquisa

Nacional por Amostra de Domicílios Contínua (PNAD), que mostra a evolução socioeconômica da população no país. Seus resultados indicam a presença de aparelhos móveis em 94% dos domicílios no Brasil. Um ano antes, em 2018, essa fatia já era de 93,2%. Em contrapartida, o percentual dos lares com telefone fixo registrou queda de 28,4% para 24,4%, do ano de 2018 para 2019. Já um estudo da Fundação Getulio Vargas revelou que o Brasil tem 2,8% dos celulares em uso no mundo, sendo que a população brasileira também é 2,8% da mundial.

A presença do celular traz algumas variações por regiões do país, mas já se estabilizou em patamares elevados. Sai de 90,5% dos domicílios na região Nordeste para atingir 97,1% no Centro-Oeste. O Sudeste aparece com participação de 95,3%, ante 96,1% no Sul e 90,8% no Norte do Brasil.

Devido ao seu uso tão maciço, é natural constatar que o celular é o principal instrumento de conexão à internet no país, ainda que a qualidade dessa conexão continue longe da ideal em muitas localidades. Pela sondagem realizada pelo IBGE, entre os equipamentos utilizados para acessar a internet, o celular móvel era disparado o primeiro, com 99,5% dos domicílios. Em segundo lugar, comendo poeira, aparecia o microcomputador (45,15%). Completavam a lista, a televisão (os aparelhos com a chamada tecnologia "smart"), com 31,7%, e o tablet, com 12%.

Não é de duvidar que a conexão à internet por meio de aparelhos de TV inteligentes possa diminuir ainda mais a distância em relação ao computador (seu uso cresceu 8,4 pontos percentuais entre 2018 e 2019, acompanhando a redução de preços e o aumento do volume de vendas de unidades no varejo), mas definitivamente não há força capaz de tirar o reinado da telefonia móvel.

Esse fascínio despertado pelo celular tem seu preço, e ele tanto pode caber no bolso da maioria dos brasileiros como virar motivo de espanto. Produtos considerados premium chegam a custar mais de R$ 15 mil no Brasil, caso da linha de aparelhos lançada em setembro de 2021 pela Apple. Os valores cobrados por alguns smartphones equivalentes da concorrência, como da Samsung e da chinesa Xiaomi, não ficam muito atrás e partem de patamares acima de R$ 8 mil.

Companhia que atua no segmento de cupons de descontos, a Picodi realiza periodicamente uma pesquisa para mostrar quantos dias de trabalho são necessários para levar para casa um aparelho da empresa da maçã – considerado o referencial do mercado em termos de tecnologia e desejo de posse. Em 2022, no Brasil, levando em conta o preço oficial de R$ 8.549,10 fixado para o iPhone 13 Pro de 128 GB (o modelo de entrada) e um salário médio calculado em R$ 2.215,00 (usando dados do IBGE), seriam necessários 79,2 dias. Acima do Brasil, numa lista que inclui outros 46 países, só aparecem mais dois: Turquia (92,5 dias) e Filipinas (90,2). O menor valor em termos de dias de trabalho foi encontrado na Suíça (4,4).

Câmbio depreciado, onerando a negociação de itens importados, e estratégias de mercado das próprias companhias, que muitas vezes evitam "popularizar" suas marcas, são alguns dos motivos para preços elevados. A alta carga tributária que incide sobre os produtos eletroeletrônicos e serviços de internet também não pode ser esquecida: dados da Secretaria de Produtividade e Competitividade do Ministério da Economia indicam que, de cada R$ 100 que um brasileiro paga hoje na conta de telefonia e internet, pelo menos R$ 42 são impostos.

Maior acesso à banda larga, ampliação das redes de telefonia e preços acessíveis formam a espinha dorsal para a transformação digital de qualquer país – e isso ficou ainda mais evidente durante o período de pandemia, quando as empresas aumentaram a participação do comércio eletrônico nas suas vendas e muita gente teve de trocar o escritório refrigerado pelo *home office*.

Segundo a Hootsuite (agência internacional, com sede em Vancouver, no Canadá, especializada em gestão de marcas em mídia digital, que faz relatórios detalhados sobre o uso da internet no mundo), em janeiro de 2022 o Brasil tinha 224,9 milhões de celulares – crescimento perto dos 6% em relação ao mesmo período do ano anterior, mesmo durante a pandemia de covid-19.[2]

Num cenário de preços elevados, empresas que vendem "facilidades" ainda parecem ter um largo e próspero mercado a explorar. Trata-se de um mercado negro de venda de celulares que cresce paralelamente ao oficial. Segundo especialistas, a venda de aparelhos "piratas" no mercado nacional também deve seguir em franca expansão.

"Pirata" é o termo que se usa para identificar o produto que não tem a homologação da Agência Nacional de Telecomunicações. E essa homologação, uma espécie de selo de qualidade, só é dada a produtos que passaram por testes de segurança e durabilidade. Imagine comprar um aparelho e ele sobreaquecer ou explodir na sua mão porque não dá conta da tensão da corrente elétrica.

Mas sobreaquecimento ou explosão do aparelho comprado sem certificação é o risco que muito consumidor assume ao ceder a ofertas de produtos com preços muito abaixo do mercado, oferecidas em grandes *marketplaces*, isto é, plataformas on-line que reúnem lojas diversas, alguns deles hospedados em provedores do exterior. A fim de tentar diminuir um pouco esse estrago, a Anatel avalia o desenvolvimento de uma ferramenta para ser utilizada pelas plataformas de vendas on-line. O objetivo é identificar a validade do código de homologação de cada empresa que oferece os produtos. Com isso, a agência poderia se contrapor a alegações dos próprios sites de que desconheciam que estavam comercializando produtos pirateados.

## 5G: O FUTURO AGORA

Digital por excelência, o celular de hoje fala, escreve, pesquisa, imprime, guarda, arquiva, fotografa, filma, grava, faz efeitos especiais, produz conteúdo, vê e enxerga, ouve e até bisbilhota outro de sua espécie. Claro que nem sempre foi assim. Até 2006, por exemplo, as mensagens eram só por SMS, e quem quisesse chamar um táxi tinha de ligar para o número de telefone fixo de uma central de atendimento. Nada também de pedir comida pelo aplicativo de *delivery* ou postar fotos em alta definição em redes sociais.

O mundo como o conhecemos hoje começou a tomar forma no início dos anos 2000, com o lançamento dos primeiros *smartphones*. Com câmeras, editores de textos e planilhas, entre outros recursos, eles também permitiam navegar pela internet e controlar mensagens de correio eletrônico – para suprema alegria e até incredulidade do usuário.

Em 2007, com o primeiro modelo de iPhone, a empresa de Steve Jobs passou a ser vista como paradigma do mercado. Foi pioneira na massificação dos aplicativos, o que abriu definitivamente caminho para uma infinidade de serviços por meio do celular, além de ter substituído o teclado convencional pelo *touchscreen*. Era possível clicar em links, alongar ou encolher páginas, "folhear" fotos...

Virou artigo *"cool"* instantaneamente, e isso não mudou até hoje, muito embora o sistema operacional da Apple (o iOS) esteja longe de dominar o mundo. De acordo com pesquisa da consultoria Counterpoint, o concorrente Android, desenvolvido pelo Google, roda em cerca de 80% dos aparelhos em operação.

Agora, os especialistas veem o mundo a um passo de uma nova revolução, caracterizada desta vez pela chegada do 5G. A tecnologia promete velocidade de download e upload de dados até 20 vezes maior do que a do 4G, além de conexões mais estáveis. Pense em vídeos com qualidade de transmissão muito superior à atual, carros inteligentes que "conversam" entre si enquanto identificam sinais e placas de trânsito e dispositivos para exercícios que poderão ser usados para monitorar sua saúde em tempo real – com seu médico devidamente plugado na outra ponta do aparelho. Isso valeria também para popularizar de vez cirurgias comandadas a distância.

Tecnologia que faria inveja aos tripulantes da Apollo 11. Marco científico e tecnológico para a humanidade, o desembarque de Neil Armstrong e Buzz Aldrin na superfície da Lua, em 1969, contou com a ajuda de um computador com 30 quilos e memória RAM capaz de armazenar pouco mais de duas mil palavras – o que obrigou os astronautas a realizar parte das manobras de forma manual. Algo como estacionar um caminhão numa vaga perpendicular apertada de supermercado.

Com o mundo consumindo mais dados a cada ano, na medida em que novos serviços são oferecidos aos usuários e novas plataformas de negócios são criadas, a implantação do 5G vai servir também para descongestionar as faixas de frequências. Dessa forma, será possível evitar ou reduzir as falhas que acontecem quando muitas pessoas de uma mesma região tentam usar serviços on-line ao mesmo tempo.

Atividades hoje banais como participar de uma videoconferência, assistir a vídeos via *streaming* e navegar em redes sociais ajudam a produzir uma montanha extraordinária de dados. Em estudo recente, a International Data Corporation (IDC) estimou em 59 zettabytes o volume "criado, capturado, copiado e consumido" de dados em 2020 – e muito por causa dos efeitos da pandemia, que obrigou o mundo a acelerar sua digitalização.

E não para por aí. A previsão é chegar a 175 ZB até 2025, um pouquinho disso armazenado no seu celular e a maior parte hospedado na "nuvem" e em *data centers*. *Grosso modo*, 1 zettabyte corresponde a 1 bilhão de terabytes ou a 1 trilhão de gigabytes. Ainda está difícil imaginar o que isso significa? Pela conta de especialistas, seriam precisos mais de 115 bilhões de celulares com 512 GB de memória (geralmente disponíveis em aparelhos tops de linha) para guardar os 59 zettabytes de dados produzidos em 2020. Já 175 ZB corresponderiam a mais de 360 bilhões de horas ininterruptas de conferências na web.

Em junho de 2021, pelo menos 1.662 cidades de 65 países, como Coreia do Sul (a primeira a ter a nova tecnologia em funcionamento), Estados Unidos e China, já estavam conectadas à internet móvel de quinta geração. No Brasil, a expectativa é que o serviço comece a ser oferecido comercialmente a partir de meados de 2022.

Na prática, nada muda para quem tem um aparelho mais antigo, de tecnologia 4G. A diferença de velocidade e estabilidade de conexão vai começar a aparecer se o usuário acionar um dos modelos já homologados pela Anatel para o 5G nacional. Ou seja, o ideal será cedo ou tarde migrar para um celular com tecnologia 5G para que se tenha melhor velocidade e estabilidade de conexão.

# TRIBUNA DE HONRA

## QUANDO A "ARMA" DISPARA

Vamos fazer um teste rápido. O que existe em comum entre estes três episódios a seguir?

1. Imagens de hospitais lotados, macas espalhadas pelos corredores e pessoas buscando auxílio. Algumas carregam ou empurram tubos de oxigênio em carrinhos improvisados. Atônitos, funcionários tentam estabelecer alguma ordem e coesão.

2. O policial branco norte-americano que usa o joelho esquerdo para pressionar o pescoço de George Floyd contra o chão. Indiferente, com as mãos enfiadas no bolso do uniforme, Derek Chauvin ignora os apelos do jovem negro, que já não consegue respirar.

3. Roberto Alvim, então titular da Secretaria Especial de Cultura do governo federal, posta na página da Secretaria no YouTube um vídeo para divulgar um concurso nacional de artes. No texto lido pelo dramaturgo, há a citação de frases que remetem ao ideólogo nazista Joseph Goebbels.

No primeiro caso, estamos no Brasil (mas poderia ser em qualquer outro país cujos governadores igualmente deram as costas para a gravidade da pandemia de covid-19), março ou abril de 2020, quando a primeira onda enchia os hospitais de doentes e as mortes se multiplicavam com grande velocidade. Quem fez as imagens e as jogou em alguma rede social ou as compartilhou com amigos, provavelmente tinha um parente envolvido e procurava com isso socorro para a sua angústia. Foi movido por um misto de desespero e revolta.

O celular virou de fato uma espécie de "arma de defesa". Ao se horizontalizar a comunicação, existem vantagens e desvantagens, como quase tudo na vida. "O relacionamento via celular é um relacionamento sobre o qual você pode dizer qualquer coisa, e a reação por celular é a mesma, porque o celular é uma defesa", afirma Nelson Jobim, ex-presidente do Supremo Tribunal Federal (STF) e ex-ministro da Justiça e da Defesa nos governos FHC, Lula e Dilma, respectivamente. "[O celular] é um agregador de iguais, não de diferentes."

O mesmo sentimento também deve ter invadido as pessoas que, sem saber como intervir, passaram a gravar a violência contra Floyd, assassinado depois de uma abordagem policial, em 2020, na cidade americana de Minneapolis. Gravada por transeuntes, a imagem se espalhou ("viralizou") na internet e desencadeou uma mobilização mundial contra a brutalidade policial e o racismo. Nos Estados Unidos, em particular, quase uma centena de cidades foram tomadas por passeatas, e houve registros de vandalismo e prisões. Em alguns desses protestos, os celulares tomaram o lugar de faixas e cartazes: tinham a função de lanterna acionada e eram levantados para o alto, formando um mar de pontos luminosos.

Polêmica e protesto também não faltaram no caso envolvendo o ex-secretário Roberto Alvim, que perdeu o cargo depois da repercussão do seu discurso nas redes sociais e entre representantes da classe política. O vídeo foi veiculado na manhã de 17 de janeiro de 2020. Menos de 12 horas depois, veio a informação de que ele estava fora do governo. Naquele dia, tanto o nome do secretário quanto o de Goebbels apareceram entre os assuntos mais comentados do Twitter no Brasil.

Para quem não viu ou não se lembra, o vídeo continua disponível em links do YouTube, tendo como fundo musical a ópera "Lohengrin", de Richard Wagner, compositor alemão celebrado pelo nazismo. O que Alvim disse mesmo nesse vídeo? "A arte brasileira da próxima década será heroica e será nacional, será dotada de grande capacidade de envolvimento emocional e será igualmente imperativa, posto que profundamente vinculada às aspirações urgentes do nosso povo. Ou, então, não será nada."

Agora, para comparação, o que o ideólogo alemão disse em meados do século XX, segundo consta no livro *Joseph Goebbels: uma biografia*, do historiador Peter Longerich: "A arte alemã da próxima década será heroica, será ferreamente romântica, será objetiva e livre de sentimentalismo, será nacional com grande *pathos* e igualmente imperativa e vinculante, ou então não será nada". A rapidez com que os brasileiros tiveram conhecimento do vídeo do ex-secretário da Cultura, em função da repercussão nas redes sociais como uma espécie de "efeito de rede" (analogia em relação ao "efeito dominó"), desencadeou uma novela que alternou capítulos diários entre as vidas real e virtual.

Isso foi possível graças à mobilidade do celular: usá-lo como uma ferramenta aliada e preparada para o que der e vier dentro da bolsa, no bolso do casaco, da calça, à mão. "A presença na rede ou ausência dela e a dinâmica de cada rede em relação às outras são fontes cruciais de dominação e transformação de nossa sociedade: uma sociedade que, portanto, podemos apropriadamente chamar de sociedade em rede, caracterizada pela primazia da morfologia social sobre a ação social", reflete o sociólogo espanhol Manuel Castells.[3] Ele continua: "Redes são instrumentos apropriados para a economia capitalista baseada na inovação, globalização e concentração descentralizada; para o trabalho, trabalhadores e empresas voltadas para a flexibilidade e adaptabilidade; para uma cultura de desconstrução e reconstrução contínuas; para uma política destinada ao processamento instantâneo de novos valores e humores públicos; e para uma organização social que vise a suplantação do espaço e invalidação do tempo. Mas a morfologia da rede também é uma fonte de drástica reorganização das relações de poder."

Nos três casos citados, a "arma" empunhada por cidadãos que tentavam modificar o que consideravam errado e inaceitável era o celular. Como uma pedra que, lançada na água, provoca uma sucessão de ondas, o celular gerou reações em cascata que, numa sociedade em rede como a nossa, atingiram milhões de pessoas de forma quase imediata.

Nesse aspecto, o celular congrega três requisitos básicos: 1) é móvel; 2) pode ser conectado em rede; 3) possibilita a produção e compartilhamento instantâneo de conteúdo – um conteúdo que, em condições diversas, só poderia ser visto por outras pessoas no noticiário noturno da TV ou nos periódicos do dia seguinte. É a tríade da nova comunicação em rede – o equivalente talvez às "Três Marias", nome dado à formação de estrelinhas azuis e de brilho poderoso que há séculos guia os astrônomos.

O economista Persio Arida chama a atenção para a velocidade com que os conteúdos gerados pelo celular se espalham pela rede. Isso acontece de forma desenfreada, sem que seja possível conter o processo, alcançando sucessivamente novos públicos. Ele usa a analogia da água que, quando entra em ponto de ebulição, vira vapor. Muda de natureza. Trata-se de um ponto também destacado por Castells: "Sob a perspectiva histórica mais ampla, a sociedade em rede representa uma transformação qualitativa de experiência humana". Ainda afirma: "Se recorrermos à antiga tradição sociológica segundo a qual a ação social no nível mais fundamental pode ser entendida como o padrão em transformação das relações entre a natureza e a cultura, realmente estamos em uma nova era."

Sim. Uma nova era. Como jamais se supôs antes. O uso desenfreado do celular e seus atributos, como gravações de som e imagem, fez com que as pessoas percebessem o poder de mudar comportamentos, leis, diretrizes partidárias, e de exercer todo tipo de pressão sobre os mais diversos poderes da democracia. Não foi preciso gritar. Chamar a polícia. Ou mesmo fazer algum alarde sobre os casos acima mencionados. Bastou gravá-los. E postá-los em alguma rede social.

O uso indiscriminado do celular por parte dos brasileiros mudou a sua forma de ouvir música, pagar contas, pedir pizza, fazer campanhas para alguma ajuda comunitária, como arrecadação de alimentos, produtos de higiene pessoal em cidades castigadas por enchentes, ou falar com os filhos e amigos. E a produção de conteúdo segue a mesma toada. O uso é infinito. "Hoje, não se pode fazer nada sem prestar atenção à capacidade que cada um tem de formar o seu próprio grupo, algo que transcende fronteiras de partidos e tudo... Mudou o modo como as pessoas se relacionam", analisa o sociólogo e ex-presidente da República Fernando Henrique Cardoso.[4]

Nas mais diversas manifestações, o celular tem sido uma ferramenta essencial para organizá-las, divulgá-las e perpetuá-las por imagens e sons espalhados depois pelas redes sociais. O celular permite que a sociedade se manifeste, se organize de maneira espontânea sem a participação, necessariamente, de instituições formais, como partidos políticos, sindicatos, organizações representativas.

Além da função de meio de comunicação em si (e de ferramenta de intervenção social), o celular tem se prestado a inúmeras funções de ordem prática com impacto direto na vida dos usuários. O brasileiro mudou, por exemplo, a forma como se relaciona com os bancos. "Eu falo com o meu gerente por WhatsApp. E pago todas as minhas contas sem ir ao banco", conta o jornalista Thomas Traumann, ex-ministro das Comunicações.[5] Não para por aí. "Eu compro as coisas no supermercado por aqui [no celular]. Ou seja, a vida mudou completamente. Se eu quiser, reservo um restaurante por aqui [pelo celular]. Ou se quiser que a comida venha ou para chamar um táxi. Isso aqui [o celular] é a coisa mais revolucionária que aconteceu na humanidade desde o carro."

A relação do indivíduo com o celular se tornou umbilical. Mas, afinal, por que o brasileiro é tão apegado ao seu celular? Pode-se pensar em tantos argumentos, do mais fútil, como se exibir diariamente nas redes sociais comendo em algum restaurante, à beira da piscina, ou em algum show, até nas situações em que as instituições e/ou governos se mostram ineficientes. Durante a pandemia, por exemplo, em que milhares de crianças e adolescentes ficaram sem aula nas escolas públicas, o celular se tornou o único instrumento de contato entre professor e aluno. Não à toa pipocaram reportagens em jornais, revistas, rádio e TVs relatando depoimentos de mães que passaram para os filhos seus celulares – pré-pagos – para terem acesso à internet e o mínimo de orientação escolar, com aulas pré-gravadas ou mesmo ao vivo. A propósito disso, o jornalista Reinaldo Azevedo, colunista da *Folha de S.Paulo* e âncora do "É da coisa", programa da Band News FM, afirma:[6] "O Brasil não tem 50% de esgoto tratado e as pessoas sem esgoto tratado têm celular". Para ele, há inversão de valores ao se ter tecnologia disponível do celular sem que o Brasil tenha acabado com analfabetismo, com a fome, com a falta de saneamento básico e com desigualdade social brutal e sem ter garantido escola e serviço de saúde para a população carente. E conclui: "Obviamente, sem ele seria ainda pior. Então, isso aqui [o celular] deu um senso de pertencimento. Mais.

Conectou as pessoas. Mas também conectou as carências. No melhor dos mundos, estaríamos trocando de fato conteúdos – pensamentos, reflexões, dados –, mas ao invés disso estamos trocando melancolias, tristezas, misérias, raivas, ódios. [...] Hoje está assim: escrevo, logo existo. Opino, logo existo. Digo o que eu acho, logo existo".

O banqueiro Marcelo Kalim,[7] sócio-fundador do C6 Bank, afirma que o celular se tornou uma ferramenta tecnológica indispensável na vida das pessoas. Isso porque, segundo explica, o brasileiro consegue ficar sem as chaves de sua casa, mas se sair e esquecer o celular, ele volta para pegá-lo. A importância do celular para os brasileiros é flagrante: hoje já se pode ter os documentos no aplicativo oficial do governo ou da iniciativa privada – carteira de habilitação, carteirinha de estudante, título eleitoral, etc. Pode-se ainda comprar um imóvel, fazer operações no mercado financeiro num só *click*, fazer reuniões empresariais sem fronteiras.

O uso é indiscriminado. Diverso. Infinito. "Então, eu acho que o celular é a nova identidade da pessoa. É muito mais importante o número do celular da pessoa do que o do CPF, RG, número de carteira de motorista ou qualquer outro. O celular é a nova identidade da pessoa."

CELULAR

# NÃO DESLIGA NUNCA,
# NEM NA PANDEMIA

Março de 2020. Tedros Adhanom, diretor-geral da Organização Mundial da Saúde (OMS), declara em uma coletiva de imprensa que o mundo vive uma pandemia do novo coronavírus. Apesar dos esforços iniciais, a doença havia se espalhado e já somava, até aquele momento, mais de 118 mil casos e quase 4,3 mil mortes ao redor do mundo. Menos de uma semana depois da declaração de Adhanom, o governo de São Paulo – onde foi registrado o primeiro óbito no país, de uma mulher de 57 anos – anunciava as primeiras medidas de uma quarentena que só poupou os serviços considerados essenciais.

De uma hora para a outra, a maior parte da população teve de ficar em casa, trabalhando de forma remota, e o "novo normal" passou a ser ruas desertas e livres de congestionamento e com poluição muito abaixo dos índices históricos. Foi nesse período de isolamento social que o Google começou a mapear as mudanças de comportamento e de prioridades dos internautas, conforme o coronavírus avançava no Brasil. Para tanto, cruzou dados do histórico de buscas de seu próprio sistema com informações oficiais do Ministério da Saúde.

Estar conectado a todo instante é algo consideravelmente observado pelos entrevistados para este livro, que também analisaram que essa conexão, facilitada pelo celular, tem mudado o comportamento das pessoas de forma substantiva. Como bem apontou o jornalista Mario Sergio Conti:[8] "A hiperconectividade via celular, que vai do WhatsApp, ao Facebook, e-mail, tudo, obviamente cria um poder." Segundo ele, esse poder nas mãos dos brasileiros não se limita à individualidade. E sim ao poder de massa, pois o celular permite – e até incentiva – a troca de informações, de mensagens, opiniões incessantemente. O que pode ser observado todos os dias em qualquer lugar, como no metrô, no ônibus, numa sala de espera. "[As pessoas] Não estão mais com seus pensamentos. Elas estão indo de um lado para o outro dentro do celular. Então, há uma coisa diferente aqui, uma coisa que as pessoas estão 'menos pessoas' e mais 'massa'. Uma coisa bastante nova na história da humanidade", conclui Conti.

Essa relação umbilical do brasileiro com o celular poderia ser ou dar algum tipo de poder a esse cidadão? O ex-presidente do STF ministro Nelson Jobim[9] responde: "Número 1, é um poder. Número 2, [mesmo sendo] individual [o celular] visa à criação de um conjunto de pessoas conectadas. É um instrumento que homogeneíza os pensamentos. Para o bem ou para o mal, seja no que for. Agora, também é um instrumento que tem reduzido substancialmente a capacidade crítica das pessoas, porque a meditação fica impedida por causa da rapidez. [...] O celular é um elemento integrador, de fazer juntar gente".

Juntar gente. O ex-ministro Jobim salienta um ponto crucial: embora seja uma tecnologia, portanto,

CELULAR

virtual, o celular pode juntar pessoas a ponto de criar movimentos de massa jamais vistos por causa da forma como ocorre. Temos visto isso no Brasil desde as manifestações em 2013, iniciadas com a reinvindicação, por parte dos estudantes, de anular o aumento na tarifa de ônibus em São Paulo. O movimento cresceu. Alastrou-se e tomou as ruas de todo o país por vários dias. Para Jobim, o celular tem a capacidade de "concentrar pessoas" pela mera convocação desse instrumento tecnológico e de comunicação. "Se você não tivesse esse instrumento, você não teria a massa de informações", conclui Jobim. Da mesma opinião compartilha o ex-presidente Cardoso: "Eu estava em um hotel em Brasília e encontrei o ministro dos Transportes na época da greve dos caminhoneiros. A preocupação dele é que ele não tinha interlocutor. Porque não tinha partido, não tinha sindicato, não tinha nada. É isso que acontece hoje. Em certos momentos, a mobilização se dá direta. Mesmo que não anule a presença das instituições, o movimento social se forma fora das instituições. E até hoje as instituições políticas não tiveram condições de se acomodar com essa situação."

Na sua pesquisa, o que o Google percebeu logo no início do isolamento social – e não poderia ter sido diferente – foi uma procura crescente por notícias relacionadas à doença, suas causas, como se proteger e as providências adotadas pelos governantes. Aos poucos, outras preocupações passaram a fazer parte da pauta diária de buscas, como a questão financeira (muita gente já tinha perdido o emprego ou temia engrossar as estatísticas), até o ponto

38

em que "tudo se torna digital". Em 21 de março, o Google registrou que as buscas por velocidade da internet superavam as por informações de trânsito.

O resultado do cruzamento de dados reforçou alguns prognósticos. Entre os citados pela plataforma, estão: 1) a aceleração da digitalização para ocupações fundamentais como trabalho e educação, "além de hábitos como o culto religioso" (as buscas por "missa" no YouTube deram um salto de 260% no primeiro quarto de 2020); 2) a aceleração da confiança no digital como canal de conversões e o aumento das compras on-line; e 3) a consolidação de plataformas digitais de conteúdo/*streamings*. Nas três situações, o celular tem presença garantida.

Com a explosão do número de pessoas trabalhando de casa e enfrentando um processo de digitalização compulsório, seria natural supor que o celular fosse perder terreno para o computador pessoal ou para a boa e velha televisão. Não foi o que aconteceu. Os dados levantados pelo Google mostram que, mesmo em casa, o celular continuou sendo o principal aparelho para conexão com a internet, com um índice de 54% – ante 22% do computador.

Nesse período, o celular também foi a forma encontrada pelo governo federal para ampliar o alcance do chamado Auxílio Emergencial, distribuído prioritariamente a desempregados e trabalhadores informais, numa tentativa de reduzir o impacto econômico causado pela covid-19. Necessárias para combater a disseminação do vírus, as medidas de isolamento social levaram ao fechamento provisório de lojas e fábricas, e muita gente ficou sem trabalho.

"Invisíveis" para o sistema bancário tradicional e mesmo para outros programas sociais do governo, pelo menos 50 milhões de brasileiros tiveram de baixar um aplicativo desenvolvido pela Caixa Econômica Federal para se cadastrar e ter direito às parcelas iniciais de R$ 600 do auxílio. Esse movimento ficou evidente no Google. Relatório interno dá conta de que, a partir do começo de abril, a Caixa desbancou o Pagbank (banco digital do PagSeguro, controlado pelo Grupo UOL) em participação de buscas relacionadas a termos como "conta digital", "conta on-line" e como "criar uma conta".

"A Caixa ganha todo o destaque em (*pesquisa sobre*) conta corrente que vinha sendo do Pagbank em março", indicou o Google em seus relatórios. Aproveitando a base potencial de novos clientes, a Caixa fez uma nova aposta e lançou em 2021 um programa para conceder empréstimos diretamente por meio do celular. O ex-presidente Fernando Henrique Cardoso acredita também que o brasileiro exerce bem o poder de se manifestar através do celular e considera isso positivo. "Em certos momentos se tem como atuar e no limite se fazer um movimento social e pôr em xeque um governo." Ele acredita ainda que seja uma ferramenta democrática e que "alimenta" a democracia. Mas alerta para a face dura: *fake news*. "Depende de quem use e para que usa. Mas no geral permitiu que a população se manifeste de forma direta, então, é democracia, sim."

# A LANTERNA
# NA POPA

## O "UBER"
## DO TRABALHO

Eles costumam ficar sentados, em grupos, nas calçadas, próximos a restaurantes ou lojas com grande movimentação de clientes. Olhos grudados no celular, torcendo para que o pacote de dados contratado junto a alguma operadora não chegue ao fim, esperam a confirmação de mais um "trabalho".

Segundo levantamento do Instituto Locomotiva, 20% da

população adulta do país – o equivalente a mais de 32 milhões de pessoas – fizeram parceria com algum tipo de aplicativo em março de 2021 para conseguir levar dinheiro para casa. Em fevereiro de 2020, antes do início da pandemia da covid-19, esse número já tinha sido alto: 13%. Ainda pela pesquisa, para mais de 15% dos entrevistados os apps representaram a única fonte de renda.

A estimativa considera tanto o trabalhador que precisa do celular para oferecer seu produto ou serviço a uma empresa ou pessoa física – que, no conceito utilizado por órgãos como o IBGE, são considerados trabalhadores informais "por conta própria" – como aquele que, sem alternativa, virou motorista de aplicativo de transporte ou entregador de produtos – aquela pizza que você costuma pedir nas noites preguiçosas do fim de semana.

Batizado de "uberização do trabalho", o modelo já virou até verbete de enciclopédia on-line, definido da seguinte forma: "É um processo de transformação do trabalho, pelo qual os trabalhadores fazem uso de bens privados – como um carro – para oferecer serviços por meio de uma plataforma digital. Também chamada de economia de compartilhamento, essa modalidade de trabalho é pautada pelo trabalho por demanda".

Empresas como a própria Uber ou o iFood e o Mercado Livre já fazem parte da paisagem da vida moderna, e nada indica que vão deixar de funcionar como um intermediário entre quem tem a força de trabalho e quem demanda um serviço ou produto. Nesse contexto, o celular representa uma ferramenta valiosa na busca de uma nova ocupação. Mas seu uso nas atuais condições econômicas do Brasil – com mais de 14 milhões de desempregados e o risco de mergulho em uma nova recessão – também tem levado a uma precarização ainda maior do trabalho.

Embora haja o reconhecimento de que a tecnologia é um avanço incomparável e que tenha criado uma nova era, a digital, o celular é visto como um catalisador na mudança das relações trabalhistas. Ou seja, tem mexido profundamente com o mercado de trabalho – seja ele sob a ótica do *home office* ou mesmo do desemprego em áreas específicas, como a bancária. O que seria, aliás, a face dura da transformação digital nesse setor.

O economista Persio Arida[10] faz uma análise sobre esse tema: "Aumenta o desemprego. Não se precisa ir mais para uma agência bancária. Não existe mais o caixa que conta o dinheiro e dá para o cliente. Você não precisar ir ao banco para fazer transações e, portanto, a agência bancária ficar esvaziada, é um prolongamento de algo que já estava ocorrendo. Onde de fato se tem uma mudança expressiva no celular é na conexão com os sistemas de pagamentos. Eu conseguir pagar através do celular já é uma inovação. Porque antigamente o sistema de pagamentos era todo através de cheques ou transações bancárias. Mas o grande salto vem de dois lados: primeiro, quando agentes não bancários competem pela superioridade no sistema de pagamentos. E segundo, como regra, a digitalização e o uso do celular facilitam e melhoram a vida dos depositantes e prestadores de recursos, diminuem as margens de lucros do sistema bancário, provocando a entrada de novos *players* e mudando a configuração de quem domina esse mercado."

Outro fator que contribuiu para a grande penetração do celular no Brasil foi o "jeitinho" brasileiro. Pode-se dizer, sem risco de errar, que essa cultura verde-amarela deu origem ao celular pré-pago, que, como dissemos, é um conceito inédito no mundo e ainda muito usado por um país em – eterno – desenvolvimento: "O pré-pago ajudou muito o brasileiro a entrar no mundo do celular e não ter medo de uma conta mensal. Hoje, a maioria tem pré-pago, só 20% ou 30% têm pós-pago", diz Genish.[11]

De opinião semelhante compartilha o ex-ministro das Comunicações do governo federal Thomas Traumann: "As redes sociais só existem porque são portáteis... O celular é muito barato e inclui o WhatsApp e redes sociais. Isso foi fundamental para o que está acontecendo hoje."

Durante o auge da pandemia de covid, no primeiro semestre de 2020, com as empresas transferindo a totalidade de funcionários para o *home office*, explodiu o número de pedidos de comida por aplicativos. Mas o grosso da receita extra ficou com as empresas que fazem a intermediação desses pedidos. Para os entregadores, a conta veio na forma de jornadas de trabalho mais prolongadas e queda na remuneração, justamente em função do aumento do número de entregadores nas ruas.

Se o celular é visto como sinônimo da era digital, que trouxe muitos avanços, também é verdade que se tornou um catalisador na mudança das relações trabalhistas – seja com a possibilidade de trabalhar com aplicativos de entregas, por exemplo, ou provocando desemprego em áreas específicas, como a bancária.

Elaborada por profissionais da Universidade Estadual de Campinas (Unicamp) e das universidades federais do Paraná (UFPR) e de Juiz de Fora (UFJF), a pesquisa intitulada "Condições de trabalho de entregadores via plataforma digital durante a Covid-19" mostrou que 56,7% dos entrevistados passaram a trabalhar mais de nove horas diárias no período analisado, sendo 51% nos sete dias da semana. Quase a metade (47%) declarou rendimento de, no máximo, R$ 520 semanais, enquanto dobrou (para 34%) a parcela de entregadores com ganhos abaixo de R$ 260 por semana.

Segundo a Associação dos Motofretistas de Aplicativos e Autônomos do Brasil (AMABR), em média 10% da renda dos trabalhadores do setor é usada para pagar o pacote de internet. Ganhando menos, e tendo de assumir custos cada vez mais altos com outros itens, como combustível, muitas vezes o profissional se vê diante do desafio de escolher entre renovar o plano do celular e comprar comida. Conexões precárias também têm a desvantagem de corroer o que o celular parece oferecer de mais valioso hoje: a cidadania digital.

Pressionado, o governo fala em criar um grupo para discutir uma regulamentação para o trabalho por aplicativo. A ideia inicial seria assegurar a formalização dos profissionais – que hoje estão à margem das garantias previstas nas leis trabalhistas –, mas sem impor um arcabouço legal que signifique uma "amarra" à atividade das plataformas, inviabilizando sua operação.

## UM GUTENBERG DIGITAL

A comunicação sempre esteve na base das mudanças em sociedade e na criação de "novas eras". É o que se vê, por exemplo, a partir da invenção da prensa mecânica, entre 1439 e 1440. Obra do alemão Johann Gutenberg, a máquina consistia na combinação de tipos móveis, esculpidos em chumbo e banhados em tinta à base de produtos, como óleo de linhaça, que eram marcados sobre uma folha de papel.

Revolucionária, a invenção de Gutenberg teve o mérito de mudar a circulação de ideias em escala mundial. Antes copiados à mão, os livros passaram a ser produzidos e armazenados em massa (foram impressos mais títulos no primeiro século após a invenção da prensa do que os copistas haviam conseguido fazer antes em toda a história da Europa). Como efeito dessa produção mecânica, o custo de um exemplar de um livro despencou – do equivalente a cerca de seis meses de salário de um trabalhador para apenas seis horas de trabalho no início do século XVII.

Em vários sentidos, foi uma espécie de início da "aldeia global", conceito cunhado pelo filósofo Marshall McLuhan na década de 60 do século passado. O pensador canadense faz uma reflexão crítica sobre os efeitos das tecnologias de comunicação da época – a televisão, o cinema e o rádio –, que aproximaram culturas distantes, mas homogeneizaram conceitos, como se as fronteiras físicas tivessem deixado de existir.

Mais um salto na nossa máquina do tempo, e vamos de Gutenberg e McLuhan a Mark Zuckerberg, o criador do Facebook. A aldeia hiperconectada do século XXI ganhou novos contornos e características. A revolução tecnológica e digital virou de cabeça para baixo o mercado de trabalho, afetou a forma como os governos se comunicam e modificou as relações interpessoais.

Sinal dos tempos, o cinema e a TV foram parar no celular. Programas de *streaming* eliminaram a necessidade de "baixar" qualquer conteúdo para o aparelho (o que comprometeria a memória do aparelho e seu funcionamento para outras funções) e deram um poder único ao usuário: o poder de assistir ao que quiser, onde quiser e na hora que quiser. Isso quebrou a lógica econômica que vigorava até então na indústria de entretenimento de massa – como nas companhias de TV por assinatura –, que teve de se adaptar a essa revolução.

Bibliotecas? Livros espalhados por todos os cômodos de casa, nas estantes, empilhados no corredor, mofando debaixo da cama? Sim, isso ainda é possível e continua sendo fonte de prazer para muita gente. Mas, se você preferir, programas especializados permitem consultar dicionários e obras inteiras que já estão em domínio público no celular que você carrega agora na sua bolsa. Ou comprar e manter na "nuvem" todas as peças de Shakespeare, os sete volumes de *Em busca do tempo perdido*, de Proust, e as várias edições da Bíblia, e consultá-las enquanto faz o trajeto de casa até o trabalho de metrô ou almoça no restaurante da esquina.

Parte das pessoas que visita hoje uma biblioteca pública está mais interessada em usar o sinal aberto do wi-fi do que folhear um livro físico. Os livros digitais, por outro lado, estão ganhando espaço. Eles fizeram sua estreia no Brasil no fim de 2012. Oito anos depois representavam pouco mais de 6%, na média, do faturamento das editoras brasileiras. Talvez o número pareça pequeno, ele é muito inferior, por exemplo, ao de Estados Unidos e Inglaterra, onde essa participação já é estimada em quase 30% do mercado.

No entanto, foram vendidos 8,7 milhões de e-books e audiolivros em 2020, um aumento de 81% em relação ao total de 2019: é um crescimento impressionante que ocorreu no início da pandemia, quando as livrarias tiveram de fechar as portas e o leitor correu atrás de alternativas. O dado é de uma pesquisa feita pela Nielsen para a Câmara Brasileira do Livro e para o Sindicato Nacional dos Editores de Livros. Apesar de ter sido um ano atípico, o mercado livreiro – que havia encolhido nos anos anteriores no país – espera que essa tendência de crescimento seja mantida daqui para a frente. Mesmo que não no mesmo ritmo de 2020, mas forte o suficiente para manter a relevância dos formatos digitais.

No campo financeiro, essa mudança tem sido percebida com força por meio da criação das chamadas *fintechs*, ou bancos digitais, que, com custos fixos menores e a promessa de cobrar tarifas mais amenas, prometem tirar o sono dos bancos tradicionais. Nomes como Nubank, Original, Inter, C6 Bank e Neon passaram a fazer parte da rotina de cada vez mais brasileiros, com a rápida expansão da sua base de clientes.

Também levaram instituições financeiras como Itaú Unibanco, Bradesco e Santander a criar plataformas digitais próprias para brigar pelo mesmo perfil de cliente. Somados, iti (do Itaú), Next (Bradesco) e Superdigital (*fintech* do Santander) tinham 19,6 milhões de clientes no terceiro trimestre de 2021. Já o Nubank, de acordo com os documentos de sua proposta para a abertura de capital na Bolsa de Valores, somava 48,1 milhões no mesmo período – 47 milhões deles no Brasil.

Pesquisa feita pela Federação Brasileira de Bancos (Febraban), com base no volume de operações fechadas em 2020, mostrou que os canais digitais já concentram 9 em cada 10 contratações de crédito e 8 em cada 10 pagamentos de contas. "Canais físicos" – leia-se, as agências bancárias – ainda teriam importância no caso de operações consideradas mais complexas, como renegociação de dívida e câmbio.

Mais importante para o tema que tratamos aqui: o *mobile banking* passou a ser o principal canal de contato do cliente com o seu banco, respondendo por mais da metade (52,9%) das 103,5 bilhões de transações bancárias registradas em 2020. Um ano antes, esse percentual havia sido de 37%. Não foi por outro motivo que o volume de investimentos em tecnologia cresceu 8% em 2020, com foco em áreas como inteligência artificial e segurança cibernética.

"O celular é a nova identidade da pessoa. Hoje, isso é no que se baseia o nosso negócio. É muito mais importante o número do celular da pessoa do que o CPF, RG, número de carteira de motorista ou qualquer outro documento. Os contatos mais frequentes da pessoa provavelmente são por celular. Ou o que a pessoa lê passa pelo celular. O que a pessoa vê passa pelo celular", diz Marcelo Kalim,[12] fundador do C6, em operação no Brasil desde 2019.

# A SOCIOLOGIA
# E A POLÍTICA
# DE JOELHOS

## ESTOU CONECTADO, LOGO EXISTO

No campo político e social, as transformações não são menores. As novas tecnologias deram voz a um universo difuso de cidadãos que passaram a postular suas demandas e visões de mundo diretamente na esfera pública, na maioria das vezes sem a mediação e o filtro das instituições tradicionais.

Muitos dos que saíram às ruas no Brasil em 2013 ou dos

que mergulharam na onda revolucionária que varreu o Oriente Médio e o Norte da África a partir de dezembro de 2010 – e que ficou conhecida como Primavera Árabe – nunca tinham se manifestado nem demonstrado compromisso político antes. Marcando uma diferença de fundo em relação a movimentos sociais tradicionais, eram trabalhadores, aposentados e jovens que agiram sem a convocação prévia de algum partido ou dirigente de sindicato.

Historiadores e sociólogos ainda levantam hipóteses para explicar essa desintermediação, que parece longe de ser conjuntural e ter suas raízes numa crescente marginalização política e econômica das classes de menor poder aquisitivo. Segundo algumas dessas explicações, seria a ação dos "órfãos da globalização", que perderam seus empregos ou viram o padrão de vida desabar nos últimos anos por causa das mudanças no mercado de trabalho.

Nesse sentido, as manifestações de 2013[13] podem ser consideradas um marco, um divisor de águas, na história da política nacional. Embora tenha começado por iniciativa de estudantes revoltados com o aumento de 20 centavos de real no transporte coletivo em São Paulo, o protesto se alastrou por todo o território brasileiro com rapidez viral e colocou de joelhos especialistas em política e em comunicação ao perceberem que não estava atrelado a um partido político ou sindicato. "Não havia um líder. Não havia uma reivindicação clara", diz Traumann. Fato: milhares de pessoas reivindicavam tudo: acabar com a corrupção, falta de auxílio à saúde e condições sanitárias, aumento de salários, desemprego, entre outros. Havia espaço para reivindicar tudo, exceto para partidos políticos, sindicatos ou qualquer outra forma de instituição até então conhecida como representativa da sociedade brasileira.

As manifestações no Brasil seguiram o mesmo processo de "propagação viral" dos protestos da citada Primavera Árabe; do Occupy Wall St. – movimento contra a desigualdade econômica e social, a ganância e a corrupção e a indevida influência das empresas, principalmente no setor financeiro, nos Estados Unidos em 2011 –; e de Los Indignados, na Espanha – protestos, também de 2011 e organizados pelas redes sociais, que reivindicaram uma mudança na política e na sociedade espanhola a fim de melhorar a representatividade e gerar benefícios à sociedade espanhola. Na visão de alguns especialistas, foi o embrião do movimento de rua que levou ao *impeachment* da petista Dilma Rousseff. "O *impeachment* acontece porque você tinha centenas de milhares de pessoas nas ruas. Ponto. Se não houvesse o celular, não haveria manifestação, e a rapidez com as redes sociais funcionou", afirma Traumann. Segundo ele, o fato de o celular ser uma ferramenta de comunicação individual, de mobilidade e de fácil manuseio fez com que fosse usado também para mobilizações de massa. "A eleição de Jair Bolsonaro é a comprovação de como esse poder do celular se consolidou. Ou seja, de 13 [2013] até 18

[2018] é o processo de consolidação do celular como uma 'arma'", diz Traumann.

Perder a individualidade e se atrelar às massas é ponto crucial de poder sob a ótica política. Isso porque – segundo entrevistados para a produção desta obra – a conexão intrínseca de atores políticos com o seu reduto ou apoiadores se tornou imediata através do acesso às redes sociais via celular, como aponta o jornalista Mario Sergio Conti:[14] "A conexão é total e há um aspecto de manipulação muito grande, porque isso não surge do nada. Você tem grandes corporações, você tem o controle absoluto com esse negócio de Google, Facebook, a Amazon... [...] Então há uma diminuição do poder do indivíduo em favor do poder da massa, que é facilmente manipulável. [...] É um poder emergente de uma massa que às vezes vira força política real, como as manifestações [de 2013].[15] É muito mais fácil manipular as massas hoje em dia por causa dessas conexões. Isso porque você tem uma série de atores que passa a ter audiência imediata e com robôs. E são muito bem organizados".

Todos os entrevistados para esta obra, sob suas respectivas óticas, ressaltaram que a conectividade, a mobilidade e o preço – este último item fundamental para a disseminação no país – garantiram a horizontalização do acesso do brasileiro ao celular. "Não há dúvida que é. Mas não somente dos brasileiros. O Trump [Donald Trump, ex-presidente americano] governava vendo a internet. Tudo o que ele faz, ele põe na rede. Hoje, não dá mais para falar na frase de

Descartes[16]: 'Eu penso, logo existo'. Agora é 'eu estou conectado, logo existo'. Quem não está conectado não existe. E aqui a facilidade com que as pessoas ganham a possibilidade de utilizar o acesso e conectividade é uma coisa extraordinária. Então nós vamos assistir a uma transformação muito grande no modo de governar, de fazer política, de partidos, de tudo", analisa o sociólogo e ex-presidente da República Fernando Henrique Cardoso.[17]

"Com relação aos efeitos na vida pública, há dois aspectos a salientar: primeiro, por que se usa o celular, e não o *laptop* ou o *desktop*. Tem a ver com a mobilidade, o fato de que ele está sempre com você. Além disso, a possibilidade de você poder responder instantaneamente. Isso é uma característica do consumidor. É muito raro hoje quem não usa o celular. Fazer no celular tudo o que o celular pode fazer. O celular é imbatível. É imbatível para transações bancárias e imbatível como forma de comunicação, também", explica o economista Persio Arida.[18]

Afirma o banqueiro Marcelo Kalim: "É muito mais fácil através, por exemplo, do WhatsApp se mobilizar uma quantidade maior de pessoas, de modo que a sociedade se posicione contra algum absurdo".[19]

Diz Genish: "O celular se tornou uma arma para comparar preços, achar produtos, receber informações, criticar, ter voz direta nas redes sociais ou no Reclame Aqui. Hoje você tem voz, se colocar alguma crítica no Reclame Aqui, as empresas dão atenção pra você. Isso deixou tudo mais competitivo e facilitou a vida do consumidor."[20]

"Como há uma sensação no mundo todo, desprestigiando as instituições democráticas, o celular pode (em grande parte dos casos) ser um instrumento de agressão. De agressão e também de catarse do ódio. As pessoas mal-humoradas e com dificuldades encontram no celular uma forma de extravasar as suas inquietudes e ódio, principalmente. Tanto é que hoje nós vivemos uma relação de ódio entre "nós e eles". Ou seja, há uma polarização da sociedade, que também se dissemina nas instituições", afirma o ex-presidente do Supremo Tribunal Federal Nelson Jobim.[21]

O jornalista Reinaldo Azevedo[22] analisa: "A horizontalização nasce de uma democratização da tecnologia. Isso é inegável. Mas também ela permitiu que se 'abrisse o bueiro do capeta'. E o celular é o principal instrumento das redes e dessa inserção individual no debate. [...] Empodera o 'homem-célula'? Sim, empodera. [...] Mas a cultura democrática está bastante abalada. Que risco esse senhorzinho aqui (o celular) faz parte? Ele traz o risco da não mediação. E de transformar a mediação em um mal em si. Não é a má mediação que está sendo combatida. É a própria mediação. O celular contribui para corroer aquilo que é o pilar da democracia. Hoje o que nós temos é uma contestação da democracia naquilo que ela tem de mais virtuoso. O celular já mudou a democracia.

Hoje, ela mudou para melhor ou para pior? Eu acho que é para pior".

Ficou mais fácil comprar de tudo com a ajuda do celular – de roupas a utensílios diversos e alimentos –, e muitas vezes nem é preciso carregar cédulas no bolso: o celular também se transformou num terminal bancário com funcionamento ininterrupto. O outro lado dessa moeda é o impacto social negativo causado em algumas atividades e setores da economia, como o trabalho formal. O sociólogo e filósofo polonês Zygmunt Bauman, na obra *Modernidade líquida,* diz: "No mundo do emprego estrutural ninguém pode se sentir verdadeiramente seguro. Empregos seguros em empresas seguras parecem parte da nostalgia dos avós; nem há muitas habilidades e experiências que, uma vez adquiridas, garantam que o emprego será oferecido e, uma vez oferecido, será durável".[23]

Nos dias de hoje, mais do que nunca, impera a "lei da sobrevivência" na área de trabalho. Profissionais especializados labutam em qualquer área de atuação a fim de ampliar conhecimento e, assim, conseguir se manterem ativos no mercado. Apesar disso, a corrida é desigual, na medida em que a transformação tecnológica avança com mais rapidez do que a dinâmica de novas frentes de trabalho. "A precariedade é a marca da condição preliminar de todo o resto: a sobrevivência, e particularmente o tipo mais comum de sobrevivência, a que é reivindicada em termos de trabalho e emprego. Essa sobrevivência já se tornou excessivamente frágil, mas se torna mais e mais frágil e menos confiável a cada ano que passa. Muitas pessoas quando ouvem as opiniões contraditórias dos especialistas, mas em geral apenas olhando em volta e pensando sobre o destino de seus entes próximos e queridos, suspeitam com razões que, por mais admiráveis que sejam as caras e as promessas que os políticos fazem, o desemprego nos países prósperos tornou-se 'estrutural': para cada nova vaga há alguns empregos que desapareceram, e simplesmente não há empregos suficientes para todos. E o progresso tecnológico – de fato, o próprio esforço de racionalização – tende a anunciar cada vez menos, e não mais, empregos", completa Bauman.[24]

Certo, porém, é que esse fenômeno da desintermediação pegou carona nos aplicativos de mensagens e redes sociais para ganhar tração com a explosão do uso do celular – a "arma" que "dispara" quando alguém pressiona a tecla para digitar uma mensagem ou registrar uma foto. "O poder não necessita de justificação, sendo inerente à própria existência de comunidades políticas; o que realmente necessita é legitimidade. [...] O poder brota onde quer que as pessoas se unam e atuem em comum acordo, mas obtém a sua legitimidade mais do ato inicial de unir-se do que de outras ações que possam seguir. A legitimidade quando desafiada fundamenta-se a si própria num apelo ao passado, enquanto a justificação se relaciona com um fim que existe no futuro. A violência pode ser justificável, mas nunca será legítima", diz a filósofa Hannah Arendt em sua obra *Crises da República*.[25]

Cada vez que uma pessoa compra um aparelho celular, uma escolha banal nos dias de hoje, ela se conecta a um imenso cardápio de ferramentas sociais, e os efeitos da associação a essa rede podem ser ao mesmo tempo rápidos e globais. Ao analisar o comportamento nas redes, o especialista americano Clay Shirky afirma que as revoluções não são produto automático do uso de novas tecnologias. Isso só é verdade quando a sociedade, a partir dessas ferramentas, passa a adotar novos comportamentos. Hoje, segundo ele, "todo mundo é um veículo de comunicação". "Nossas ferramentas sociais removem obstáculos mais antigos à expressão pública, eliminando assim os gargalos que caracterizavam os meios de comunicação de massa", escreveu ele. "Um resultado é a ruptura do velho padrão de separação profissional entre o bom e o medíocre antes da publicação; agora essa filtragem é cada vez mais social e acontece *a posteriori*. A lógica do 'publique, depois filtre' significa que novos sistemas sociais têm de tolerar quantidades enormes de fracassos."[26]

## O GRITO DO SILÊNCIO

O viço democrático do Brasil não dá trégua. Os brasileiros viram no celular a possibilidade de dar voz ao descaso das autoridades e ao abuso dos mal-intencionados de plantão. Como foram os casos de profissionais de saúde que gravaram imagens de seus celulares para mostrar a falta de condições de trabalho nos mais variados hospitais públicos e a falta de UTIs equipadas para o atendimento dos pacientes infectados pelo coronavírus. Houve ainda o caso do policial moralmente agredido no cumprimento de seu dever ao ser acionado por uma mulher que buscava segurança contra o marido que ameaçava a sua vida e a do filho. Há ainda o caso do afro-americano George Floyd morto por um policial branco, circunstância que desencadeou uma das maiores manifestações espontâneas nas ruas dos Estados Unidos contra o racismo desde 1968, como já vimos.

O jornalista Mario Sergio Conti destaca que as pessoas normalmente ficam no celular "zapeando" para lá e para cá, sem se dar conta da falta de foco e de pensamento e/ou reflexão próprias: "Elas estão indo de um lado para o outro dentro do celular. Parece que as pessoas estão 'menos pessoas' e mais 'massa'. Uma coisa bastante nova na história da humanidade", diz ele.

Para o sociólogo e ex-presidente da República Fernando Henrique Cardoso, o brasileiro sente e exerce bem o poder de se manifestar através do celular. "O positivo é que encontraram um modo de se manifestar. Em certos momentos é possível atuar e no limite fazer um movimento social e pôr em xeque um governo." Já Nelson Jobim, ex-presidente do Supremo Tribunal Federal e ex-ministro da Justiça e da Defesa, levanta outro ponto substantivo ao dizer que os brasileiros têm usado o celular para também se manifestarem fora do território virtual. E, sim, na vida real: "Esse instrumento [celular] tem capacidade, tem a possibilidade de fazer uma espécie de 'concentração das pessoas' pela mera convocação virtual."

Foi o que se viu nas mais diversas manifestações na vida real dos brasileiros, quando alguns buzinavam, outros bateram panelas nas janelas de seus prédios durante os meses de isolamento social no primeiro trimestre de 2020. Ou mesmo nas manifestações nas principais cidades do país contra ou a favor do governo de Jair Bolsonaro.

## O BEM E O MAL

Novas oportunidades batem à porta. Mas o desemprego também. O brasileiro começa a perceber a necessidade de se atualizar, reciclar, multiplicar seus conhecimentos para aproveitar novas frentes de trabalho e profissões, decorrentes da era digital. O fato é que as revoluções tecnológica e digital têm cobrado juros altos em troca de seus benefícios, ponto observado por Zygmunt Bauman, já citado, quando destaca que para cada nova vaga há alguns empregos que desapareceram. E o progresso tecnológico – o próprio esforço de racionalização – tende a anunciar cada vez menos, e não mais, empregos. Ou seja, não há empregos suficientes para todos.

CELULAR

Outros teóricos, como Manuel Castells, mencionado no primeiro capítulo, refletem profundamente sobre a economia ativa em uma sociedade globalizada. Diz ele: "A sociedade em rede, em suas várias expressões institucionais, por enquanto é uma sociedade capitalista. Mas esse tipo de capitalismo é profundamente diferente de seus predecessores históricos. Tem duas características distintas fundamentais: é global e está estruturado, em grande medida, em uma rede de fluxos financeiros. O capital funciona globalmente como uma unidade de tempo real; e é percebido, investido e acumulado principalmente na esfera da circulação, isto é, como capital financeiro".[27]

Um mal inevitável, enfim. Mas, como toda moeda, aqui também há a outra face. Oposta. Novas frentes de trabalho têm surgido decorrentes das facilidades que a tecnologia e o mundo digital oferecem, em especial o celular. Do *e-commerce* aos novos bancos de varejo e investimentos, o Brasil vive a plenitude dessa metamorfose.

Em se tratando de serviços oferecidos pelo celular, o brasileiro aproveita tudo. De forma geral, usa o celular para quase tudo: verificar a veracidade das informações antes de compartilhá-las; para entretenimento; buscar oportunidades de emprego e/ou trabalho; procurar prestação de serviço; e compartilhar, como ato de cidadania, campanhas para ajudar pessoas ou instituições, por exemplo, em caso de acidentes de trânsito, enchentes etc.

## GRITOS E SUSSURROS

Durante este capítulo, foi possível verificar o encaixe perfeito entre as engrenagens argumentativas vindas da fundamentação teórica; dos dados do mercado nacional sobre a penetração do celular no Brasil; das pesquisas qualitativas que se propõem a ouvir acadêmicos como Fernando Henrique Cardoso, Nelson Jobim, Persio Arida; e da pesquisa quantitativa, que saiu às ruas digitais e ouviu internautas-transeuntes.

Fato é que o celular tem duas facetas. A primeira é a construtiva, quando usado como uma espécie de guia de acesso aos mais diversos conhecimentos, podendo se dar, por exemplo, através de aplicativos de bibliotecas, museus, exposições, músicas, entre outros, ou ainda por meio de aplicativos de jornais (ex.: *O Globo*; *Folha de S.Paulo*, *O Estado de S. Paulo* etc.) e de notícias em tempo real (ex.: Bloomberg, Reuters, Valor Pró, Uol, G1 etc.). Nesse sentido, há ainda a vertente de serviços em geral, como fazer compras em supermercados, lojas de eletroeletrônicos e de roupas. Por fim, ele ajuda na comunicação interpessoal, por exemplo, para aqueles que não sabem escrever e podem fazer gravações por voz e enviá-las por WhatsApp, Telegram, Messenger. Tudo em tempo real. Ou seja, pode juntar, multiplicar, construir.

E a face destrutiva, aquela em que se dividem grupos, leis são violadas, acontecem ameaças, destroem-se pessoas ou instituições públicas ou privadas.

Uma espécie de ruindade intrínseca, como a criança que taca fogo no rabo do gato ou que arranca o olho da boneca; o motorista que joga o carro para cima do pedestre na faixa de transeunte; ou ainda o assaltante que mata a vítima que não reagiu. Essa é a face que destrói com a fúria de um furacão.

Dois episódios que aconteceram no Brasil podem ser considerados emblemáticos das questões anteriormente citadas. Em janeiro de 2020, o secretário de Cultura do governo federal, Roberto Alvim,[28] citou textualmente trechos de um discurso do ideólogo nazista Joseph Goebbels em um vídeo veiculado nas redes sociais na manhã do dia 17, uma sexta-feira. As pressões iniciadas nas redes sociais migraram para a vida real e, 12 horas mais tarde, o secretário foi exonerado pelo presidente da República, Jair Bolsonaro. "A comunicação de massa se modela mediante a autocomunicação de massa através da internet e das plataformas wi-fi onipresentes em nossa prática. A dinâmica de construção de uma mensagem simples e facilmente debatível em um universo multiforme conduz à personalização da política", analisa Castells em sua obra *A crise da democracia liberal.*[29]

Um mês antes, numa terça-feira, em 3 de dezembro de 2019, o filme brasileiro *A primeira tentação de Cristo*, do grupo Porta dos Fundos, havia sido lançado na plataforma de *streaming* Netflix. A comédia insinua que Jesus Cristo teria tido experiência homossexual depois de passar 40 dias no deserto. Abaixo-assinados – um deles teve quase um milhão de assinaturas – circularam nas redes sociais solicitando a retirada do filme do ar.[30] Na madrugada da terça-feira, 24 de dezembro de 2019, dois coquetéis molotov foram arremessados na fachada da produtora de vídeo Porta dos Fundos, no bairro de Humaitá, Zona Sul do Rio de Janeiro, por pessoas com máscaras escuras. Um dos suspeitos foi identificado: o empresário Eduardo Fauzi. Dias depois, ele conseguiu fugir para a Rússia, mesmo sendo procurado pela Interpol e tendo publicado dois vídeos gravados por seu celular dando a própria versão de suas ações.[31]

Na tríade mobilidade, conexão e produção de conteúdo, pode-se verificar a formação de um agente catalisador da "celularidade" no país. "Redes constituem a nova morfologia social de nossas sociedades e a difusão da lógica de redes modifica de forma substancial a operação e os resultados dos processos produtivos e de experiência, poder e cultura. Embora a forma de organização social em redes tenha existido em outros tempos, o novo paradigma da tecnologia da informação fornece a base material para sua expansão penetrante em toda a estrutura social. Além disso, eu afirmaria que essa lógica de redes gera uma determinação social em nível mais alto que a dos interesses sociais específicos expressos por meio de redes: o poder dos fluxos é mais importante que os fluxos do poder", conclui Castells.[32] O celular é um novo pecado capital ao qual o brasileiro não consegue mais resistir, sempre na cabeceira ao lado apitando com mensagens de todo tipo.

# O OVO DA SERPENTE

## QUANDO MENTIRA E VERDADE SE MISTURAM

Nesse mundo novo em que a lógica é estar conectado 24 horas por dia, a expansão das ferramentas de comunicação e a constituição de estruturas sociais mais flexíveis têm servido a propósitos variados. Pode ajudar quem tenta denunciar um malfeito ou o estudante que organiza um protesto contra as condições ruins de conservação da escola. Também pode virar instrumento de quadrilhas criminosas, de políticos inescrupulosos e de redes terroristas, que fazem da manipulação de informações uma nova forma de poder.

Defensor de ideias anacrônicas, o Talebã compreendeu que a guerra moderna passa, antes de tudo, pelo controle da informação. Nesse sentido, durante os anos de ocupação americana no Afeganistão, o grupo insurgente usou as redes sociais para espalhar suas bandeiras entre os afegãos. As mensagens também chegavam por aplicativos de mensagens como o WhatsApp.

Não pense que as mensagens usadas foram as de execuções públicas de "infiéis" ou de ataques suicidas que mostrariam o "sacrifício" dos combatentes para livrar o Afeganistão dos "invasores". O que se viu nas redes e em mensagens de celular foram vídeos de meninas na escola, mulheres seguindo para o trabalho... ou seja, tudo o que o Talebã sempre combateu, como resultado de uma leitura enviesada do Alcorão, o livro sagrado dos mulçumanos.

Só em 2019, segundo reportagem do *New York Times*, o Digital Forensic Research Lab, do Atlantic Council (uma *think tank* americana voltada à discussão de temas de política e economia internacionais) mapeou mais de 60 contas no Twitter com a finalidade de influir no resultado da disputa presidencial no país, vencida à época por Ashraf Ghani – que fugiu de Cabul tão logo as tropas inimigas se aproximaram da capital, em agosto de 2021.

Como vimos antes, fatores como o fim do monopólio do sistema de telefonia, com a entrada das empresas privadas e a ampliação dos investimentos no setor, e a criação do pré-pago ajudaram a massificar de vez o celular entre os brasileiros. Segundo o último censo do IBGE, de 2018, observou-se que o percentual de pessoas com celular alcançou as maiores participações nos grupos etários de 25 a 29 anos (88,8%) e de 30 a 34 anos (88,9%), passando a cair gradualmente até os 63,5% entre os idosos (60 anos ou mais). É por meio do celular que o brasileiro consegue acesso a conteúdos diversos, sobre todos os assuntos, e tem à mão serviços que facilitam sua rotina.

Não custa lembrar que, quando se trata de redes sociais, o brasileiro é quase um fanático. Metade da população do país acessa todos os dias pelo menos uma conta em alguma plataforma – e, desse total, 99% são por meio do celular. No caso do Facebook, por exemplo, o percentual chega a 80,4%. Esses dados são de estudo feito em janeiro de 2020 pela Hootsuite.[33]

Essa prática, porém, se revela muitas vezes nefasta quando se considera o tipo de informação que circula com mais frequência pelos aparelhos. A pesquisa realizada para o desenvolvimento deste livro buscou saber que tipo de informação o entrevistado acessa pelo celular. Embora o brasileiro receba muita informação de modo geral inofensiva – imagens/fotos (90%), notícias (76%), mensagens pessoais (71%), *stickers* (70%), e dicas ou links sobre jogos, filmes, livros etc. (63,9%) –, as *fake news* aparecem com percentual significativo de 49%.

A chamada grande mídia, como os diários *O Estado de S. Paulo*, *Folha de S.Paulo*, *O Globo* e *Valor Econômico*, e os vários sites com vozes nacionais têm espaço dedicado a desvendar, checar e verificar as diversas *fake news* que pululam diariamente sobre os mais variados temas – da política à medicina.

A disseminação de notícias falsas, injúrias e aleivosias é um mal para a vida dos indivíduos por elas afetados e um mal ainda maior para a vida democrática do país. O sociólogo e ex-presidente da República Fernando Henrique Cardoso vive essa situação: "Não tem muito como lidar com isso. Se você for ver na internet, eu tenho apartamento em Paris, em NY, tenho fazendas... e isso tudo é mentira. E você vai fazer o quê? A população está submetida a correntes positivas e negativas. Essa é a questão."[34]

Esforços contra essa erva daninha virtual têm aparecido todos os dias. O Sleeping Giants Brasil[35] é um exemplo. Lançado em 2020, localiza notícias falsas ou distorcidas em páginas na internet e, assim, tenta chamar a atenção de empresas que anunciam nesses sites mal-intencionados. O Supremo Tribunal Federal e o Congresso Nacional seguem a mesma trincheira. Esses poderes públicos têm procurado encontrar nas redes sociais as raízes de notícias falsas contra instituições democráticas. O Congresso Nacional corre para criar leis que regulamentem o uso da rede a fim de descobrir o autor das *fake news* e inibir a sua disseminação.

Depois de sofrer ameaça de perder verba publicitária de 900 empresas nos EUA, em julho de 2020, o Facebook desencadeou uma operação de combate às *fake news*. Só no Brasil, retirou do ar em um único dia 35 perfis, 14 páginas e 1 grupo no Facebook, além de 38 perfis no Instagram. Contas essas com quase 2 milhões de seguidores.

O economista Persio Arida joga luz sobre a questão da velocidade com que se dá a disseminação da informação falsa e o quanto isso impacta no dia a dia dos brasileiros: "As *fake news* sempre existiram. As fraudes sempre existiram. O ponto é o seguinte: quando se intensifica o fenômeno, ele muda de natureza. É como a água que, quando ferve, vira vapor." compara.[36]

A percepção de que verdade e mentira se misturam e se entrelaçam nas redes – e estão disponíveis por meio de um aparelho celular com os recursos básicos de conexão – é relevante quando se considera que essa rede tentacular de compartilhamento de conteúdo tem funcionado cada vez mais como uma espécie de memória auxiliar do cérebro humano.

O que você não sabe ou tem curiosidade de saber pode ser encontrado no Google, na Wikipedia, no YouTube. Basta digitar o que você precisa e *voilà!*, o resultado aparece em segundos na tela do celular. Grupos em redes sociais e até aquela inocente conta do WhatsApp reunindo quase toda a família também viraram fonte de consulta permanente e para compartilhamento de informações – ou para polarizar desentendimentos.

Sistemas como o do Google, líder absoluto de mercado na área, usam rastreadores atrás de páginas atualizadas ou novas (se estima que entre 300 e 500 novas páginas sejam criadas por minuto na web), cujos dados são armazenados e cruzados até serem apresentados ao usuário. Digitei "bolo de chocolate" na barra de pesquisa e, em apenas 0,76 segundo, pularam na minha tela nada menos do que 136 milhões de resultados. "Platão"? Em 0,51 segundo, foram 3,7 milhões de indicações, sem contar as chamadas pesquisas relacionadas (como "Platão frases" ou "teoria das ideias de Platão").

Em 2020, o Google atualizou um filmete com pouco mais de cinco minutos para apresentar, de forma didática, como funciona o seu sistema de buscas. Intitula-se *How Google Search Works* e está disponível no YouTube. Apesar do contínuo aperfeiçoamento, a ferramenta de buscas da plataforma está em permanente escrutínio. Seus críticos argumentam que ela pode privilegiar a formação de banco de dados com páginas e links que ganharam relevância de forma artificial, seja por meio de estratégias de marketing digital ou com a ajuda de robôs (softwares programados para disparar mensagens repetitivas e simular interação humana).

No caso das redes sociais, existe a avaliação de que os algoritmos que definem o que vai aparecer ou não na sua tela são programados para privilegiar mensagens com potencial de gerar maior reação e engajamento dos usuários, o que abriria uma porta para a disseminação de notícias sensacionalistas (e, em geral, distorcidas ou falsas) ou discursos que envolvam racismo e xenofobia – o que as plataformas negam.

## A PALAVRA DO ANO

Não existe nada de errado com a tecnologia em si, na medida em que ela representa uma porta para a universalização do conhecimento produzido pelo homem. É como a prensa de Gutenberg, que no seu tempo popularizou os livros impressos. Agora, as informações são movidas por clicks, bits e impulsos elétricos que transitam por cabos ou voam pelo ar até chegar ao seu telefone sem fio.

Levada ao extremo, porém, a hiperconexão também tem o seu "valor destrutivo", já que é impossível comprovar a veracidade de tudo o que é produzido e compartilhado em rede. Estamos na fase dos "especialistas instantâneos", que têm maior poder de influência e engajamento do que os verdadeiros especialistas – o acadêmico, o estudioso, o que produziu ideias, pensamentos, ensaios e artigos. Além disso, o nosso vocabulário diário passou a lidar com expressões como "*fake news*" ou "pós-verdade".

Eleita como a palavra do ano em 2016 pelo Dicionário Oxford, *post-truth* (pós-verdade) foi definida como algo "relativo ou referente a circunstâncias nas quais os fatos objetivos são menos influentes na opinião pública do que as emoções e as crenças pessoais". Seu uso teria crescido no "contexto do referendo britânico sobre a União Europeia (Brexit, em 2016) e nas eleições presidenciais dos Estados Unidos (aqui, a que elegeu Donald Trump, também em 2016)".

De acordo com o Oxford, o termo apareceu pela primeira vez em 1992. Em artigo para a revista *The Nation*, Steve Tisch, produtor e empresário do ramo de filmes nos EUA, analisou a participação do seu país na primeira Guerra do Golfo, em 1991. Ele lamentava que, "como povo livre, decidimos livremente que queremos viver em uma espécie de mundo da pós-verdade", ou seja, um mundo no qual a verdade não é mais tão relevante.

Conceitualmente, há uma diferença entre pós-verdade e *fake news*. A primeira, como vimos, costuma ser usada para casos em que fatos objetivos são menos importantes na formação da opinião pública do que apelos nacionais e conclusões pessoais. Uma pesquisa feita pelo Datafolha em julho de 2019 mostrou que um em cada quatro brasileiros considerava que as missões Apollo jamais haviam acontecido, que o homem nunca havia colocado o pé na Lua ou em qualquer outro lugar fora da Terra – que, aliás, era plana para 7% dos entrevistados.

Já *fake news* (notícia falsa) é informação intencionalmente manipulada, por erros e falsidades, e reproduzida para construir uma narrativa distorcida e atingir determinado objetivo econômico ou político. Na vida política, por exemplo, as mentiras costumam ser mais plausíveis do que a realidade, uma vez que o mentiroso conhece seu eleitorado e, portanto, sabe bem o que ele deseja ouvir.

Seja *fake news* ou pós-verdade, o desaparecimento da verdade na vida pública pode colocar pessoas em risco – como aconteceu no Brasil com a maciça propaganda de mensagens sobre a suposta eficácia (devidamente desmentida pela ciência) do chamado "kit covid" – e corroer a estabilidade democrática, na esteira do aparecimento de líderes populistas e defensores de ideias antidemocráticas.

Utilizando de forma eficiente as técnicas de propaganda e as possibilidades abertas pela tecnologia, os "ciberpopulistas" conseguem construir um mundo em que frases passam a sensação de serem verdade, mas sem nenhuma base real. Quando desafiados a comprovar o que dizem, fogem das respostas para incitar seus seguidores a criar uma onda nas redes que desqualifica o adversário e polariza o debate.

Fundada em 2013 como uma sigla que propunha bandeiras moderadas e que contava com políticos liberais em seus quadros, a Alternativa para a Alemanha (AfD) se converteu nos últimos anos em um partido de ultradireita, que hoje não se acanha em defender mensagens de cunho racista e nacionalista e repletas de *fake news*. Entre seus alvos estão, por exemplo, os imigrantes que desembarcam em massa no país e uma indefinida "elite" que trabalharia contra a ascensão social dos mais desprotegidos economicamente.

É por meio de plataformas como Facebook, YouTube e Instagram – e não pelos veículos tradicionais de comunicação – que a AfD tem conseguido levar suas bandeiras diretamente a um número maior de alemães. Em agosto de 2021, a um mês das eleições que definiram o sucessor da chanceler Angela Merkel, reportagem da TV *Deutsche Welle* mostrou que Alice Weidel, vice-presidente da AfD e colíder da sigla no Parlamento, era de longe a política alemã com mais interações on-line.

Só dava ela nas redes: alguns dos seus vídeos foram vistos quase 5 milhões de vezes num período de apenas quatro dias. Isso apesar de o partido de Alice não participar de nenhum governo estadual nem ter voz para influenciar nos projetos aprovados no Parlamento. Ou seja, um partido nanico em termos de representação formal, mas gigante no mundo on-line.

No Brasil, aliados do presidente Jair Bolsonaro também agem para manter sua influência digital. O próprio Bolsonaro já teve publicações excluídas de redes sociais; seus filhos Carlos e Eduardo tiveram contas no Twitter e no Facebook suspensas temporariamente. O cerco é maior no Supremo Tribunal Federal (STF), onde os ministros investigam a formação de um suposto "gabinete do ódio" dentro do Palácio do Planalto encarregado de distribuir notícias distorcidas e ainda acusações falsas contra inimigos políticos do presidente.

Para fugir do aperto, uma das estratégias tem sido incentivar a migração de contas para outras plataformas de mensagens. O Telegram, que não tem representação formal no país, é uma delas. Segundo especialistas, o aplicativo mantém regras menos restritivas para o compartilhamento e moderação de conteúdo do que rivais como o WhatsApp. Só o presidente Bolsonaro reunia quase 1 milhão de seguidores no início de outubro de 2021.

Outras características ajudam a explicar por que o Telegram é visto como um campo fértil para campanhas em massa. A plataforma desenvolvida pelos irmãos Pavel e Nikolai Durov permite a formação de grupos fechados com até 200 mil participantes, em comparação ao teto de 256 integrantes fixado pelo WhatsApp.

Bolsonaro, filhos e aliados também criaram contas na Gettr, a rede social criada por Jason Miller, ex-conselheiro de Donald Trump. A plataforma, que se define como um "espaço para ideias" e contra "a cultura do cancelamento", foi lançada depois que perfis do ex-presidente dos EUA e de militantes de extrema direita americana foram banidos de outros aplicativos de rede social por divulgar informações comprovadamente inverídicas. "A luta pelo poder nas sociedades democráticas atuais passa pela política midiática, pela política do escândalo e pela autonomia comunicativa dos cidadãos. Por um lado, a digitalização de toda a informação e a interconexão modal das mensagens criaram um universo midiático no qual estamos permanentemente imersos. Nossa construção da realidade e, por conseguinte, nosso comportamento e nossas decisões dependem dos sinais que recebemos e trocamos nesse universo. A política não é uma exceção a essa regra básica da vida na sociedade-rede na qual entramos em cheio", analisa o espanhol Manuel Castells.

## NA CAUDA DE UM FOGUETE

Não se pode confundir propaganda com notícia falsa. Ambas fazem uso dos instrumentos de comunicação que estão à disposição, mas são de natureza distinta. A propaganda quer levar alguém a comprar determinado produto ou serviço e, para tanto, recorre a ferramentas de persuasão que focam o imaginário e o desejo do consumidor alvo. Por uma questão mercadológica, os anúncios publicitários são feitos para valorizar o "lado positivo" do produto, mas essencialmente não são mentirosos.

Já as *fake news* têm o objetivo intrínseco de ludibriar, enganar, controlar opiniões e criar uma realidade paralela que não encontra defesa na vida real. Geralmente, quem reproduz *fake news* se esforça para embalar seu conteúdo como sendo verdade. Para tanto, costuma usar um site ou página com características que remetem às utilizadas por veículos tradicionais de comunicação – que, no caso das boas casas do ramo, sempre têm como diretriz básica só publicar o que é possível confirmar com fatos e dados. Não pense que a distorção da verdade a serviço de interesses individuais ou de grupos é um produto do nosso tempo ou nasceu só depois do advento da internet e das redes sociais.

Em artigo escrito para a *Revue de Synthèse Historique*, o historiador francês Marc Bloch já expunha sua preocupação com mecanismos a serviço de governos que perpetuam uma mentira vendida como verdade. E seu

*Réflexions d'Un Historien Sur les Fausses Nouvelles de la Guerre* ("Reflexões de um historiador sobre as notícias falsas das guerras", em tradução livre) foi publicado em 1921. Tinha como pano de fundo os horrores da Primeira Guerra Mundial, da qual Bloch participou como soldado de infantaria.

Recorro mais uma vez ao buscador do Google e tenho 61.400 resultados para o termo "Os Protocolos dos Sábios de Sião". É sabidamente um texto falso, criado na época da Rússia czarista e traduzido em diversos idiomas, que descreve um suposto projeto liderado por judeus e maçons para dominar o mundo "através da destruição" da cultura ocidental. Uma *fake news* secular que, segundo alguns especialistas, influenciou anos mais tarde o nazismo alemão. Se as *fake news* sempre existiram, o que diferencia o atual momento é a velocidade com que elas se propagam, na cauda de um foguete formado por aplicativos de comunicação e redes sociais – tendo o celular como o meio mais imediato para esse casamento entre mensagem e receptor.

Empresa especializada em computação na nuvem, a Domo criou um infográfico para registrar o número de interações na rede. Segundo a edição de 2020 do seu *Data Never Sleeps – How Much Data Is Generated Every Minute* ("Dados nunca dormem – Qual a quantidade de dados gerados a cada minuto", em tradução livre), a cada minuto 41 milhões de mensagens são trocadas no WhatsApp; 100 mil novos tuítes são postados; o YouTube ganha mais 48 horas de vídeos; o Google realiza 2 milhões de buscas; e 204 milhões de e-mails são enviados ao redor do planeta. Sim, você leu certo: tudo isso por minuto.

Ao final de 2020, o Facebook divulgou ter chegado ao patamar de 2,8 bilhões de usuários ativos mensais (ou MAU, na sigla em inglês). Significa dizer que, mesmo sofrendo o assédio cada vez maior de novos concorrentes, como o chinês TikTok, sozinha a invenção de Mark Zuckerberg ainda conseguia reunir o equivalente a um terço da população mundial.

Entre os aplicativos de comunicação mais conhecidos, os números também são superlativos. São pelo menos 2 bilhões de usuários ativos em todo o mundo no WhatsApp. Já o Telegram diz ter atingido o patamar de 500 milhões no início de 2021 – beneficiado por uma mudança na política de privacidade do próprio WhatsApp, que passou a compartilhar seus dados com seu controlador, o Facebook.

O uso do celular, porém, permite ir além das produções deliberadas de conteúdos que causam danos. Retomando o caso emblemático que saiu do ecossistema digital para o mundo real e vice-versa, Eduardo Fauzi, suspeito de integrar o grupo que jogou coquetéis molotov na fachada da produtora Porta dos Fundos, no Rio, já estava fora do Brasil havia dois dias e se encontrava em Moscou, na Rússia, para passar o Natal do catolicismo ortodoxo com a sua família, tradicionalmente comemorado em 3 de janeiro. Considerado foragido pela polícia e com nome na

Interpol, Fauzi sentiu-se livre para usar o seu celular e fazer publicações de vídeos nas redes sociais. Um dia antes das comemorações natalinas ortodoxas, na quinta-feira, 2 de janeiro de 2020, vestindo uma camiseta regata verde-militar em um ambiente aparentando ser uma sala de estar, o foragido do atentado sentiu-se à vontade para publicar um vídeo no YouTube com sete minutos e quinze segundos produzido com seu celular, com 67.344 visualizações, 6,3 mil *likes*, 910 *dislikes*. "Está muito na modinha esse discurso de tolerância. A gente tem de ser tolerante. Isso está alçado na categoria do dogma pós-moderno, dogma político, pós-moderno de que a gente tem de ser tolerante e, se a gente não for tolerante, a gente não é um cara legal. A gente tem de ser tolerante com divergente. A gente tem de ser tolerante com o outro, com a outra maneira com que a pessoa pensa, o que ela acha da vida. Isso é o que as pessoas legais dizem pra gente fazer. E é bacana. [...] E essa posição de tolerância, de se vestir pela pele do outro, buscando entender o que o outro passa através da perspectiva dele, é tudo o que os tolerantes do Porta dos Fundos não têm. A tolerância deles é marketing. [...] Quando Porta dos Fundos destrata, esmaga, espezinha, ridiculariza o nome de Jesus Cristo, está maltratando milhões de pessoas que têm fé em Cristo, a sua principal riqueza. O Porta dos Fundos deixa uma multidão de brasileiros que já é miserável, num país com 14 milhões de desempregos justamente na era PT, que foi o que enriqueceu o Porta dos Fundos – Gregório Duvivier, Fabio Porchat, Lava Jato, Lei Rouanet... pa-pa-pa. Isso não é uma verdade conveniente. [...] Eu sou do povo brasileiro. Se você crê como eu, compartilhe. Diga o seu amém. Me coloque nas suas orações. Por Deus, pela pátria e pela família brasileira. Aleluia",[37] disse na época Eduardo Fauzi. A força das manifestações nas redes sociais fez com que na quarta-feira, 8 de janeiro de 2020, uma liminar do desembargador Benedicto Abicair, da Justiça do Rio de Janeiro, determinasse a retirada do ar do filme *Natal do Porta dos Fundos*, veiculado pela Netflix. Na liminar, o desembargador afirmara que decidiu recorrer "à cautela para acalmar os ânimos".[38]

Fauzi comemorou a decisão da Justiça do Rio de Janeiro no dia seguinte, ao publicar um novo vídeo no YouTube. Fez a gravação de um estacionamento com o celular em plano médio e de cima para baixo. Parecia estar no meio do frio de uma madrugada, pois vestia uma blusa de agasalho azul-marinho, com listras brancas nas mangas compridas, fechada pelo zíper. O vídeo teve 586 visualizações, 16 *likes* e 7 reprovações: "Senhores, é Eduardo Fauzi aqui direto de Moscou. Já é tarde da noite, tremendo de frio, mas de satisfação e de alegria porque a Justiça do Rio de Janeiro, se não me engano, mandou retirar, ainda que liminarmente, o especial blasfemo da Porta dos Fundos. Na decisão, o desembargador confirma que pra acalmar os ânimos, os ânimos da sociedade, ele determinou que o especial de Natal do Porta dos Fundos seja retirado do ar liminarmente. Essa vitória é a vitória do povo brasileiro. Eu fico muito chateado quando vejo padre e pastores dizendo 'Ah, eu queria ver se fosse com Maomé, se fosse no Oriente Médio.' O Brasil tem homem. O Brasil tem macho pra defender a Igreja de Cristo e a pátria brasileira. Parabéns à Justiça brasileira. Parabéns ao povo brasileiro. Todo mundo que rezou, que militou, que batalhou. A luta continua. Mas a vitória é nossa. Muito feliz. Muito feliz."[39]

Mesmo procurado pela Justiça brasileira e pela Interpol, Fauzi se sentiu seguro e livre para gravar um vídeo manifestando sua satisfação com a decisão do desembargador Benedicto Abicair, e postá-lo nas redes sociais. Após 245 dias, ou seja, em 4 de setembro de 2020, o empresário foi finalmente detido na Rússia. Sua extradição para o Brasil só aconteceu em março de 2022.[40]

No mundo dos negócios, o número de usuários costuma ser lido com especial atenção e zelo, por indicar o público potencial que pode ser alcançado e fisgado com a oferta de produtos e serviços. Mas também é o éden de grupos empresariais e políticos interessados em espalhar notícias falsas.

O paradoxo é que, se as *fake news* ganharam fôlego, os instrumentos e recursos técnicos para conferir, checar e analisar se uma informação está correta também nunca foram em número tão grande. Empresas especializadas em *fact-checking* (uma expressão emprestada do inglês que significa, literalmente, "checagem de fatos") foram criadas em diversos países, inclusive no

Brasil, para verificar a autenticidade dos dados que circulam em rede.

Os jornais tradicionais também montaram estruturas próprias para avaliar a veracidade de informações, num trabalho meticuloso que passa pelo cruzamento de dados e falas com diferentes fontes, públicas e privadas. O pente-fino de jornalistas pode recair, por exemplo, sobre textos e fotos que geram polêmica nas redes. Ou focar o discurso de autoridades, como o feito em setembro de 2021 pelo presidente Jair Bolsonaro na abertura da Assembleia-Geral da Organização das Nações Unidas (ONU), em Nova York.

Só o *Estado de S.Paulo* apontou ao menos dez "mentiras" ou "alegações enganosas" no discurso. Entre as mentiras apontadas pelo jornal estava a de que as manifestações de 7 de Setembro em várias capitais foram as maiores da história do país. Para quem não se lembra, durante os atos organizados por apoiadores do presidente (e que contaram com a publicidade do próprio Bolsonaro), mais uma vez chamaram atenção bandeiras de cunho antidemocrático, como a destituição de ministros do Supremo Tribunal Federal (STF) e a volta da ditadura militar.

A primeira experiência do que se considera como *fact-checking* data de 1991. Trabalhando então no escritório da CNN em Washington, o jornalista americano Brook Jackson foi incumbido de conferir todos os discursos e promessas feitas durante as chamadas primárias pelos candidatos à Presidência dos Estados

Unidos. No centro da disputa, estavam George Bush (pai), pelo Partido Republicano, e o democrata Bill Clinton. Como se sabe, usando um discurso que vinculava recessão e desemprego à era Reagan, deu Clinton na eleição realizada em 1992. Só que a história não para por aí.

Dois anos mais tarde, agora em conjunto com a Universidade da Pensilvânia e com o Annenberg Public Policy Center, o próprio Jackson criou o primeiro site independente de *fact-checking* – o FactCheck.org, ainda em atividade. Mais de 90 iniciativas do gênero apareceram em setembro de 2021 como signatárias da Aliança Internacional de Checagem de Fatos (em inglês, International Fact-Checking Network, IFCN), criada seis anos antes para funcionar como uma espécie de rede mundial de checadores de fatos. As empresas seguem um código de princípios profissionais e éticos bem definido: têm de ser transparentes em relação a suas fontes de informação e de financiamento do seu trabalho, além de manter uma distância segura de possíveis interferências de governos, instituições (públicas ou privadas) e partidos políticos.

## O "GOSTO" POR *FAKE NEWS*

Mesmo assim, tem muita gente que ainda acredita, por exemplo, que a Terra não é redonda, que usar máscara não protege contra o vírus da covid-19 ou que houve um complô nos Estados Unidos para fraudar a eleição e impedir a permanência de Donald Trump na Casa Branca em 2020. O mesmo Donald Trump que, segundo levantamento do jornal *Washington Post*, ao final do seu mandato havia espalhado deliberadamente mais de 30 mil mentiras ou informações erradas.

Por que isso acontece, então? Uma pergunta que tem gerado várias respostas.

Cientistas do Instituto de Tecnologia de Massachusetts (MIT, na sigla em inglês), nos Estados Unidos, publicaram em 2018 na revista *Science* o que se considera até hoje uma boa indicação sobre a disseminação de notícias falsas na internet. A base para as análises foi gigantesca. Liderados pelo pesquisador Sinan Aral, eles vasculharam todas as postagens que foram verificadas por seis agências independentes de checagem de fatos que circularam pelo Twitter entre 2006, ano do lançamento da rede social, até 2017. Foram mais de 126 mil postagens replicadas por cerca de 3 milhões de pessoas.

De acordo com o trabalho, as informações falsas têm 70% mais chances de viralizar que as notícias verdadeiras. Cada postagem verdadeira teria potencial para chegar, em média, a mil pessoas. Já as *fake news* mais populares, classificadas dessa forma por estarem entre o 1% mais replicado da amostra, poderiam piscar nos celulares de uma amostra entre mil e 100 mil pessoas – quase um terço da população de uma cidade com o porte de Franca, no interior paulista, ou da mineira Itajubá.

Eles usaram o conceito de "cascata de rumores", segundo o qual uma informação se espalha em uma linha contínua entre vários receptores, até que um deles decide republicar por conta própria a mesma informação, dando origem a uma nova onda. De forma geral, as notícias que se provaram falsas geraram entre os usuários da rede sentimentos como medo, revolta e surpresa. Já as verdadeiras inspiraram humores que vão da surpresa à tristeza e alegria.

Você pode discordar da conclusão das observações científicas, por conta da amostra ou mesmo de algum nível de arbitrariedade que acontece nesse tipo de sondagem. Mas os cientistas do MIT trouxeram algumas pistas que continuam válidas. Entre as mais importantes, a de que informações com caráter mais "apelativo" têm mais chances de viralizar na rede, e que, na corrida para ser o primeiro a postar "novidades", "as pessoas que compartilham informações novas são vistas como 'estando por dentro' (os tais 'especialistas instantâneos' que citamos antes)", segundo disse Aral ao escritório de notícias do próprio MIT.

Em alguma medida, o estudo também reforça a máxima de que "uma mentira repetida mil vezes vira verdade", na definição de Joseph Goebbels, o papa da propaganda na Alemanha nazista. É preciso também desqualificar as vozes que dizem o contrário, fugindo do debate de ideias para entrar no campo dos insultos e de falsas acusações.

Mas existe um outro fator importante para tentar entender a transformação nas redes, que é o fenômeno da desintermediação. O cidadão moderno não precisa mais dos partidos políticos para levar seu protesto à rua, assim como não se informa mais unicamente através dos meios de comunicação tradicionais. A propósito disso, Manuel Castells afirmou que, "como num mundo de redes digitais em que todos podem se expressar, não há outra regra além da autonomia e da liberdade de expressão, os controles e censuras tradicionais se desativam, as mensagens de todo o tipo formam uma onda bravia e multiforme, os boatos multiplicam e difundem imagens e frases lapidares aos milhares, e o mundo da pós-verdade, do qual a mídia tradicional acaba participando, transforma a incerteza na única verdade confiável: a minha, a de cada um".

## REDE SEM REGRAS?

Especialistas e autoridades de vários governos citam o domínio econômico exercido pelas chamadas "*big techs*" – que, além de Facebook e Google, incluem Amazon e Apple – como o fator que estaria na raiz da disseminação da desinformação e da falta de regras claras para a expressão na internet. Somadas, as ações das quatro tinham em julho de 2021 uma capitalização superior a US$ 6 trilhões, quatro vezes mais do que o valor dos 10 maiores bancos nos Estados Unidos. Nos últimos anos, várias tentativas de se estabelecerem normas globais para garantir a privacidade de dados e de responsabilização pelo que é compartilhado online ficaram pelo caminho, mas essa relação de forças começou a balançar de forma mais intensa depois que surgiram denúncias de que dados do Facebook foram usados para influir no resultado da eleição norte-americana de 2016, vencida por Donald Trump, e também do referendo do Brexit, no Reino Unido.

Em 2018, reportagens do *The New York Times* e do *The Guardian* mostraram que a subsidiária americana da consultoria britânica Cambridge Analytica obteve sem consentimento prévio dados de milhões de perfis de usuários do Facebook nos Estados Unidos. Com esses dados, foi possível traçar um minucioso perfil político da população e customizar propaganda em favor de Trump. As mensagens chegavam em forma de anúncios patrocinados no *feed*. O embrião do trabalho feito pela consultoria foi um teste de personalidade disponibilizado aos usuários da rede social em 2014. O problema é que o tal teste obteve não só os dados de quem preencheu os formulários e concordou com as condições de uso, mas também de toda a sua rede de contatos – aproveitando o que teria sido uma brecha deixada pelo próprio Facebook, que havia oferecido livremente dados de usuários a desenvolvedores de aplicativos para celular. "É muito fácil manipular as massas hoje em dia por causa dessas conexões. Você tem uma série de atores que passam a ter audiência imediata, além dos robôs (que simulam contas ativas)", afirma o jornalista Mario Sergio Conti. "O contágio político que vem da Revolução Francesa era por panfleto, jornal, era uma coisa individual. Agora, não.

A conexão é total [...], e vai solapando o indivíduo a favor de uma massa amorfa", diz Conti. A Cambridge Analytica chegou a fechar um acordo com uma consultoria de marketing político brasileira para atuar nas eleições gerais de 2018, mas a parceria não prosperou depois da divulgação do escândalo. Na verdade, a própria Cambridge Analytica teve de fechar as portas meses depois, diante do cerco legal. Diferentemente de qualquer outro ramo empresarial, as grandes redes sociais e plataformas de buscas mantêm operações mundiais que ainda são pouco ou nada regulamentadas. Mas a pressão contra elas só fez crescer desde então.

Em meados de 2020, por exemplo, o Facebook se viu obrigado a desencadear uma operação de combate às *fake news* e à desinformação, depois da ameaça de centenas de empresas ao redor do mundo de cancelar sua verba publicitária. Como vimos anteriormente, só no Brasil retirou do ar em um único dia 35 perfis, 14 páginas e um grupo inteiro, além de 38 perfis no Instagram. Um ano depois, um novo episódio surgiu com potencial para causar maior estrago à imagem da rede social de Mark Zuckerberg. Desta vez, o Facebook teve de vir a público para anunciar o que foi chamado de "pausa" no desenvolvimento do Instagram Kids, versão do aplicativo para crianças menores de 13 anos. O projeto era alvo de críticas de especialistas das instituições educacionais e de usuários da plataforma. Isso porque havia a avaliação de que o aplicativo usava de suas artimanhas de marketing para "viciar" a garotada a ficar conectada por muito tempo ou com conteúdos adversos à idade, sem, no entanto, ter a preocupação educacional. A pressão aumentou após o *Wall Street Journal* ter noticiado que a rede social havia ignorado o impacto do Instagram na saúde mental de adolescentes. Segundo o jornal, em uma pesquisa interna feita em março de 2020 a companhia descobriu que 32% das meninas que se sentiam mal com o próprio corpo ficavam ainda pior ao acessar o Instagram. O Facebook negou que a pesquisa tivesse mostrado esse resultado, mas mesmo assim tratou de colocar o projeto na geladeira. "Embora acreditemos que construir o Instagram Kids seja a coisa certa a fazer, vamos reavaliar o projeto. Nesse ínterim, o Instagram continuará a se concentrar na segurança dos adolescentes e na expansão dos recursos de supervisão para os pais", disse a companhia em nota.

Por trás dos dados publicados pelo *Wall Street Journal* estava Francis Haugen, uma ex-funcionária do próprio Facebook que, antes de sair da empresa, fez cópias de centenas de documentos internos. No início de outubro de 2021, ela foi chamada a depor no Senado americano e contou que a estratégia do Facebook era alimentar a divergência entre os usuários e, assim, aumentar o "engajamento" na rede social. "Os produtos do Facebook prejudicam as crianças, alimentam a divisão e enfraquecem nossa democracia", disse ela, cujo depoimento ocorreu apenas um dia depois de um apagão que tirou do ar por

CELULAR

várias horas o Facebook, o WhatsApp e o Instagram. "Mas sei que por mais de cinco horas o Facebook não foi usado para aprofundar divisões, desestabilizar democracias e transformar meninas e mulheres que se sentem mal com seus corpos.", completou Francis. O Brasil aparece com destaque em parte dos documentos vazados do Facebook, de acordo com informações de um consórcio internacional de jornais, incluindo *New York Times*, *Washington Post*, *The Guardian* e *O Estado de S. Paulo*. Um desses documentos diz que o alcance de conteúdos considerados "tóxicos", como discursos de ódio contra grupos minoritários, desinformação e "desencorajamento cívico" no Facebook são "particularmente maiores no Brasil, comparado a outros aplicativos". Em seus depoimentos, Francis sugere que a direção do Facebook sabia disso, mas não tomou nenhuma providência: em nome do lucro da empresa, sacrificou a segurança dos usuários. Dada a repercussão do tema, a iniciativa da ex-funcionária da rede social passou a ser tratada como um primeiro passo para uma regulação mais dura e de âmbito global das empresas de tecnologia – os Estados Unidos ainda não têm regulação de privacidade nos moldes da Lei Geral de Proteção de Dados do Brasil (LGPD) e do Regulamento Geral sobre a Proteção de Dados da Europa (GDPR).

Com alcance menor, outras iniciativas têm ganhado terreno à medida que cresce a discussão sobre o poder das gigantes de tecnologia. Lançado em 2016 nos EUA pelo publicitário Matt Rivitz, o Sleeping Giants se apresenta como um coletivo de ativistas digitais que combate discursos de ódio e desinformação na internet, como já mencionamos anteriormente. O grupo mira o bolso de quem supostamente produz e propaga mentiras: por meio de alertas públicos, eles tentam pressionar empresas públicas e privadas a suspender a publicação de anúncios em sites e em perfis de redes sociais suspeitos. Em geral, as empresas costumam aderir na internet à chamada "publicidade programática", pela qual algoritmos de plataformas como Google e Facebook distribuem os anúncios por sites de forma automatizada. A promessa é de que, por meio dos algoritmos, seja possível direcionar esses anúncios para um público mais segmentado. Mas, muitas vezes, a marca da empresa acaba estampada em páginas que divulgam informações polêmicas e distorcidas. O Brasil também tem um braço do Sleeping Giants. Em reportagem publicada em maio de 2021 pelo jornal *O Globo*, os líderes do grupo no país comemoraram um ano de atividade com um total de 31 campanhas de alertas a consumidores e anunciantes. Eles estimaram ainda que seus alvos deixaram de receber, no período, mais de R$ 14 milhões em anúncios e campanhas de *crowdfunding*. Chama a atenção o porte dos anunciantes, entre eles, Bradesco, Adidas, Ford, Fiat, Uber e Amazon – que se comprometeram a suspender novas publicidades.

## A PRESSÃO DOS GOVERNOS

A pressão também vem de governos, aqui e lá fora. A Comissão Europeia, o braço executivo da União Europeia, criou um sistema on-line para países-membros trocarem informações sobre campanhas de desinformação. Em outra frente, pressionou os gigantes da comunicação a elaborarem o que foi visto como um código de autorregulamentação para combater as *fake news* – texto que entrou em vigor em janeiro de 2019. Entre os compromissos assumidos pelas empresas, estão impedir que sites que divulgam notícias falsas ganhem dinheiro com publicidade e bloquear contas falsas e grupos de usuários que agem de forma coordenada. Nos Estados Unidos, o debate sobre a responsabilidade das redes sociais e das empresas de tecnologia pela disseminação de notícias falsas ganhou os salões do Congresso. Em 2020, representantes do Facebook (Mark Zuckerberg), do Google (Sundar Pichai) e do Twitter (Jack Dorsey) participaram de audiências para responder aos parlamentares americanos o que tem sido feito para garantir regras sobre liberdade de expressão e moderação de conteúdo e evitar que informações enganosas invadam suas redes.

A discussão não é menor no Brasil. Na esteira de um inquérito que apura a divulgação de notícias falsas e ameaças contra ministros do Supremo Tribunal Federal (STF), o Senado aprovou em junho de 2020 o projeto de lei que ficou conhecido como o PL das *fake news*, cuja base é a criação da Lei Brasileira de Liberdade, Responsabilidade e Transparência na Internet. De forma geral, o projeto prevê regras de transparência em relação à publicidade nas redes e proibição de contas falsas ou uso de robôs, entre outros pontos. O então presidente do Senado, Davi Alcolumbre, disse que "liberdade de expressão não pode ser confundida com agressão, violência ou ameaça". O texto teve uma tramitação acidentada. De um lado, houve forte oposição de aliados do presidente Jair Bolsonaro, para os quais as medidas vão representar censura prévia. O próprio Bolsonaro chegou a tratar do tema durante uma das lives que tradicionalmente faz às quintas-feiras. Ele afirmou que vetaria trechos do projeto caso fosse mantido na íntegra pela Câmara dos Deputados: "O pessoal sabe a minha posição, sou extremamente favorável à liberdade total da mídia, até dessas tradicionais que dão pancada em mim o tempo todo. Agora, não podemos admitir a censura aqui", disse Bolsonaro, apontando o dedo para um aparelho celular.

Também especialistas em direito digital se dizem preocupados com trechos do projeto que, no limite, colocariam em risco a privacidade dos cidadãos. Entre eles, o que permite que as plataformas solicitem documentos de identificação dos usuários quando há uma ordem judicial. Esses mesmos especialistas apontam ainda sobreposição de normas com o Marco Civil da Internet. Tema polêmico por natureza, o PL ainda precisa passar pela Câmara. Em junho de 2021, o presidente da Casa, deputado Arthur Lira (PP-AL), assinou despacho para criar uma comissão especial para analisar o texto recebido dos senadores, e a expectativa era que um relatório final pudesse ser votado em plenário ainda no início de 2022. Sob fogo intenso, as empresas de tecnologia sustentam ter desembolsado bilhões de dólares nos últimos anos em "cibersegurança". O Facebook, por exemplo, diz que conseguiu bloquear 3 bilhões de contas falsas só no primeiro semestre de 2021, a partir do uso de mecanismos de inteligência artificial, e que tirou do ar pelo menos 20 milhões de mensagens com conteúdo mentiroso sobre covid-19 e vacinas. Também afirma que tem sido mais ativa na remoção de mensagens que violem os seus termos sobre discurso de ódio.

Todos esses esforços ainda parecem diminutos se comparados à avalanche provocada pela desinformação, mas indicam um caminho comum: o de tentar alcançar uma coesão de valores e a manutenção de regras mínimas para a existência de uma sociedade digital mais transparente. Neste ponto, volto a citar o americano Clay Shirky: "As ferramentas que uma sociedade usa para criar e se manter são tão centrais para a vida humana quanto uma colmeia é para a vida das abelhas. Embora a colmeia não seja parte de nenhuma abelha individual, é parte da colônia e, ao mesmo tempo, molda e é moldada pelas vidas de seus habitantes."

# CONCLUSÃO

## ARMA AO ALCANCE DE TODOS

Esta obra se debruçou sobre a seguinte pergunta: afinal, o celular, através da conexão e produção de conteúdo digital, pode ser visto como um novo poder nas mãos dos brasileiros e, portanto, pode ser usado como uma "arma" de defesa ou ataque às instituições? Mais especificamente, foi aqui observada uma tendência comportamental, social e política, e ampliou-se a discussão para o patamar econômico, ao se estudarem as transformações profissionais e mercadológicas que o uso do celular propicia aos seus usuários.

Para isso, foram consideradas três hipóteses:

- O celular é um novo poder nas mãos dos brasileiros, pois ele horizontalizou e democratizou a informação e a produção de conteúdo;
- O celular é uma arma de defesa dos internautas quando utilizado a favor da democracia, dos direitos individuais e da liberdade de expressão, além de ser uma ferramenta que facilita ações comerciais como *e-commerce* ou transações bancárias; e
- O celular é também uma arma de ataque para os cidadãos contra as instituições como Supremo Tribunal Federal, Congresso Nacional, partidos políticos.

Dos anos de 1990 até 2020, o Brasil passou por transformações significativas e que conspiraram a favor da chegada ao cenário atual no que se refere ao uso desenfreado do celular pela população: chegada da internet, privatizações das telecomunicações, abertura da economia para investimento estrangeiro, inflação baixa, concorrências nos preços da banda larga, criação do celular pré-pago, chegada das redes sociais, serviços de mensagens como WhatsApp, Telegram, Messenger etc. Simultaneamente, houve ainda a evolução dos aparelhos celulares, do "tijolão" analógico para os modelos iOS e Android. Resultado: mais de 240 milhões de celulares nas mãos dos brasileiros. Ou seja, segundo a Hootsuite, 97% da população prefere o celular ao computador de mesa, *laptop* ou TV e rádio, mesmo confinado dentro de casa em época de pandemia e isolamento social. Na mesma toada segue o estudo feito pelo Google Survey durante o período da quarentena: para 54% dos internautas brasileiros, o celular é a ferramenta tecnológica mais utilizada para se conectar em casa.

## NADA SERÁ COMO ANTES

Diante desse cenário nacional, o primeiro passo foi saber se o celular poderia ser encarado como um novo poder nas mãos dos brasileiros, por causa da horizontalização propiciada por essa ferramenta tecnológica de comunicação – pessoal e móvel – e pela democratização da informação e da produção de conteúdo através da conectividade. A hipótese ficou para trás. Acadêmicos da estatura de Nelson Jobim, Fernando Henrique Cardoso e de jornalistas renomados afirmam em uníssono: "Número 1, é um poder", diz Jobim; "E o celular dá muito poder na mão do consumidor", afirma Genish; "A eleição do Bolsonaro [em 2018] é comprovação de como esse poder do celular se consolidou", analisa Thomas Traumann; "É um poder emergente de uma massa que às vezes vira força política real como as manifestações", diz Mario Sergio Conti; e "O celular é o principal instrumento das redes e dessa inserção individual no debate. [...]", conclui Reinaldo Azevedo.

Os brasileiros reforçam essa conclusão: metade dos 97 entrevistados em pesquisa quantitativa que embasou este livro reconhece que o celular é um instrumento tecnológico que, de alguma forma, oferece poder. Sobre a fluidez de informação – da conexão e da produção de conteúdo –, o sociólogo Castells explica que o "poder dos fluxos" é imbatível por conta da velocidade do conteúdo compartilhado.

## HUMILHADOS E OFENDIDOS

Somando-se o acesso à conectividade 24 horas por dia, ao poder de compra de aparelhos com os mais variados recursos, às evoluções das redes sociais e ao poder – substancialmente demonstrado nos capítulos anteriores –, da comunicação, da produção de conteúdo e velocidade de compartilhamento, deu no que deu. A maioria dos brasileiros (64%) considera que o celular pode, sim, ser usado como uma ferramenta de defesa ou ataque das instituições –, segundo estudo feito pela autora pela plataforma de pesquisa MindMiners em 2020.

É fato. Exemplos na vida real aparecem todos os dias nos noticiários nacionais e internacionais, como as gravações feitas por profissionais de saúde festejando a saída de pacientes curados da covid-19, caso da advogada Claudia Costa e Silva, no Distrito

Federal, depois de 105 dias internada. Pessoas de todas as raças, credos, gêneros têm demonstrado que o celular pode ser usado como uma arma de defesa própria, a exemplo de Christian Cooper, diplomado por Harvard em Ciência Política, que foi poupado de ser preso e/ou processado por acusação falsa de ter molestado Amy Cooper, com MBA pela Universidade de Chicago (e que acabou depois demitida do cargo de chefe do setor de seguros de uma empresa de investimentos). O caso do joalheiro Ivan Storel, que teve de pedir desculpas públicas ao cabo Edson, da PM paulista, por tê-lo agredido verbalmente. O empresário Eduardo Fauzi, acusado de participar de ataque contra a sede do Porta dos Fundos, preso mesmo estando fora do Brasil, e que agora responderá à Justiça nacional.

Ou quando profissionais de saúde, acompanhantes, pacientes denunciaram, através de gravações feitas com seus celulares, o descaso das autoridades em relação à falta de equipamentos pessoais de segurança e de medicamentos. Mais: os momentos em que os brasileiros saíram a janelas e terraços para gravar os panelaços a favor da democracia ou para protestar contra o governo de Jair Bolsonaro, durante os meses do isolamento social provocado pela covid-19; as gravações feitas por moradores de favelas comprovando a violência de policiais contra jovens negros. Assim, a sociedade encontrou uma maneira de se mobilizar para fazer frente a esses desafios.

CELULAR

Em geral, essas cenas duram poucos segundos. Mas, em todos esses casos, a arma dos ofendidos foi a câmera de celulares – deles mesmos ou de alguém próximo a eles. Postadas nas redes sociais, as cenas costumam viralizar. É essa mesma arma que registra a violência policial nas periferias das grandes cidades brasileiras. As câmeras dos celulares tornaram-se, assim, um antídoto eficaz para combater os demófobos prontos para humilhar seja quem for.

Mas e se o celular não existisse? O que teria acontecido com a morte de George Floyd, com Christian Cooper, com o cabo Edson, com os doentes da covid-19 desdenhados pela máquina pública? Ou mesmo com os profissionais de saúde sem os devidos equipamentos de proteção individual (EPIs)? E com as vozes de milhares de brasileiros das manifestações a favor da democracia? Como seriam os serviços de entregas durante o isolamento social ou mesmo como o governo federal conseguiria ajudar os mais de 50 milhões de brasileiros chamados "invisíveis", que estavam fora do sistema bancário, para receber o "auxílio emergencial"? Como seria possível o acesso e o consumo dos mais variados produtos durante o fechamento das lojas? Como os micro e médios empresários, como os donos de restaurantes, sobreviveriam minimamente durante o confinamento? Essas e outras tantas questões reforçam a constatação de que é impossível imaginar a vida sem um celular ao alcance das mãos.

Ainda está para ser feita uma análise mais abrangente e aprofundada desse processo de transformação a que a sociedade está submetida atualmente. Suas razões, em parte, dizem respeito à proximidade das pessoas comuns, do povo, com o poder político, sem a representação institucional de partidos, sindicatos, instituições públicas e/ou privadas delineadas na Carta Magna de 1988. Longos ciclos de poder cobram o seu preço. As ideias tradicionais vêm perdendo força, a política está se renovando a olhos vistos. *A priori*, é bom que assim seja. O fato é que a revolução tecnológica e digital deu voz a um universo difuso de cidadãos que passaram a postular suas demandas e visões de mundo diretamente na esfera pública, sem a mediação e o filtro das tradicionais instituições democráticas. Essa ruptura produzida pela revolução digital e acentuada pelo celular nas mãos da população nacional colocou novos atores em campo, recodificou a linguagem da política, disseminou novas formas de organização em rede e incrementou movimentos de massa a exemplo do ocorrido no Brasil em 2013.

## A SANGUE-FRIO

Como se sabe, a internet tem funcionado cada vez mais como uma espécie de memória auxiliar do cérebro humano: o que você não sabe pode ser encontrado no Google ou na Wikipedia, e até, dependendo

CELULAR

do que seja, no Facebook ou no YouTube. Basta escrever o que precisa usando o teclado do celular e, em segundos, aparecem os mais diversos resultados. Com esse auxílio na palma da mão 24 horas por dia, qualquer pessoa pode achar que é especialista em algo ou, pior, em (quase) tudo. Ou seja, na balança do conhecimento o especialista de fato – o acadêmico, o estudioso, o cientista – acaba sendo colocado no mesmo patamar que os especialistas instantâneos. E estes últimos podem se transformar em fontes primárias de informações inverídicas. E assim também se chega às *fake news*.

Um dos males da atualidade são as mensagens falsas criadas e disseminadas deliberadamente com o objetivo de causar dano a alguém ou a instituições públicas e/ou privadas. Ou seja, as *fake news* não encontram respaldo na liberdade de expressão. A difusão de desinformação não está sob a proteção constitucional do exercício dos direitos e liberdades fundamentais. Na verdade, as informações falsas são uma afronta ao Direito. Essa é a razão pela qual existe um inquérito no STF para investigar a produção e disseminação delas contra ministros do Supremo Tribunal Federal e de se ter no Congresso Nacional propostas de leis a fim de evitar a produção e/ou disseminação dessa erva daninha digital.

A confusão sobre fato e *fake news* tem contribuído para turvar a clareza e o vigor com que a Constituição protege as liberdades de expressão. E nesse apanhado de esforços para se evitar, amortizar, conter, calar os mendazes da atualidade, o fato é que o celular é também uma espécie de arma de ataque aos indivíduos, às empresas, à coisa pública, enfim, às instituições pela disseminação de notícias falsas.

Além do Congresso Nacional e do STF, a iniciativa privada também se mexeu contra as *fake news*. Depois de sofrer ameaça de perder verba publicitária de 900 empresas, em julho de 2020, o Facebook retirou do ar em um único dia 35 perfis, 14 páginas e um grupo no Facebook, além de 38 perfis no Instagram, como foi dito. Essas contas e páginas, juntas, tinham quase 2 milhões de seguidores, e com elas fora do ar o alcance das ofensas e das falsas informações que circulam por meio das redes sociais perdeu um pouco da sua força.

Como efeito das atitudes morosas da *holding* norte-americana e do Congresso e STF, surgiu uma divisão no Brasil hoje entre os que buzinam contra os que batem panelas a favor da democracia; entre os adeptos da "cloroquina" e os "não cloroquina"; os "sem máscara" e os "com máscara"; entre os que acreditam numa "gripezinha" e ecoam o "E daí?" e aqueles que acompanham a mortandade no país por conta da covid-19. O sociólogo e ex-presidente da República Fernando Henrique Cardoso levanta a questão: "O ponto negativo é que tem *fake news* em quantidade. E não tem muito como lidar com isso. Essa é a questão".

Ele tem razão. Daqui para a frente, os resultados de eleições – majoritárias, para presidente da República e governadores – poderão mudar o rumo da política brasileira? Provavelmente ainda não. A guerra da população contra as *fake news* ainda está em 7X1. Marcou-se um gol com as iniciativas dos poderes público e privado, hoje mais atentos. Mas a tarefa continua hercúlea. É como procurar uma agulha, não em um palheiro, mas em um milharal. Embora os brasileiros tenham tomado conhecimento do poder dessa erva daninha virtual, há ainda um fato fundamental ignorado na sua essência: faltam investimentos em educação, inclusive na alfabetização digital; no consumo de cultura; e no incentivo ao hábito de leitura de livros e de informações seguras, como as publicadas em jornais e revistas, digitais ou não. E lá se vão três décadas com os brasileiros carregando as bandeiras dessas reivindicações desde a redemocratização e a chegada do celular no país. Ainda em relação às eleições, há um crédito a ser bem usado. Se o Brasil não regredir para o sistema de voto em papel, abandonando o de votação por urna eletrônica, já com biometria em vez do título eleitoral impresso, poderá ser pioneiro no voto via celular.

## ENSAIO SOBRE A LUCIDEZ

O celular é um novo fenômeno. É fato. Do comportamento individual ao coletivo. Na política. Na economia. Na vida do cidadão e das instituições que o rodeiam. O aparelho de um palmo, com pouco mais de 140 gramas mudou a vida da nação verde-amarela. Seu uso tornou-se infinito. Indispensável. Obrigatório. Não se telefona mais para dar parabéns a alguém pelo aniversário. Envia-se "um *zap*", com ou sem *emojis*, gifs, com produção própria com som e imagem, somente com som, com animações. Não se anda mais com documentos oficiais. Está tudo no celular.

O isolamento social durante a pandemia da covid-19 fez com que aumentasse a audiência de buscas por receitas e ensinamentos de como se evitar que o jantar se transformasse numa noite de terror e pânico. Tudo é possível. A cada dia se descobre algum uso para o celular. Não demora para que a geração Z passe a "conjugá-lo", transformando o substantivo "celular" em verbo. Por outro lado, se antes a falta de modernidade produzia o subdesenvolvimento, hoje, quando se olha a face escura do uso do celular, pode-se concluir, sem risco de errar, que essa mesma modernidade tem produzido o subdesenvolvimento econômico, a exemplo dos entregadores de aplicativos, e até mesmo ataques às instituições democráticas.

Este livro pode ainda ser visto como um primeiro arcabouço de estudos dessa tendência do uso do celular e suas consequências no território nacional. E Castells, Goldberg, Stephens-Davidowitz, Shirky, Santaellla, Arendt, Faoro, Lebrun, Bauman foram alimentos iniciais nesta maratona em busca das respostas às hipóteses levantadas. Também foram trazidas reflexões

CELULAR

magistrais vindas de acadêmicos como Fernando Henrique Cardoso, Nelson Jobim, Persio Arida, e de profissionais de primeira linha em suas respectivas atuações, como Amos Genish, Marcelo Kalim, Reinaldo Azevedo, Mario Sergio Conti, Thomas Traumann. Somaram-se, ainda, os brasileiros e brasileiras anônimos da pesquisa quantitativa, que foram também importantes na mesma medida nesta empreitada.

Números, dados, estudos e análises empresariais foram essenciais para enfrentar essa maratona. Cruzou-se a faixa da linha de chegada. O celular é um novo poder. É uma arma de defesa e de ataque às instituições. Enfim, todo mundo tem andado armado. Nesse sentido, pode-se concluir, sem risco de atirar no próprio pé, que o celular é tão essencial e perigoso em nossas vidas que deveria haver campanhas de conscientização sobre seus males, a exemplo do que acontece com bebidas alcoólicas, cigarros e outros insumos de consumo. Mais ou menos assim:

**"O celular pode fazer mal a você e aos outros. Use-o com sabedoria e moderação."**

**A sua vida nas suas próprias mãos:
o que fazemos hoje e o que teremos amanhã...**

## O bem...

- Troca de mensagens, banco, pagamentos, entregas de todo o tipo, comércio, filmes, gravações, documentos oficiais e sua identidade...
- Agenda escrita não existe mais... Guardar o telefone do disk-pizza virou coisa do passado.
- O *streaming* revolucionou a TV e o cinema.
- Não precisa levar dinheiro, pode pagar por aproximação, fazer uma transferência por PIX. Ou um simples pagamento. Em segundos. E com segurança.
- Carteira de motorista, cartão do SUS ou do plano de saúde, título de eleitor, tem tudo no celular.
- Não precisa mais dar sinal para o táxi na rua, nem dizer para onde vai...
- Está sozinho? Solitário? O *"date"* ou o seu grande amor pode estar à sua espera num aplicativo...
- Trocou de aparelho? A conta na nuvem restaura tudo.
- Imagem perfeita – A era das *selfies* e dos filtros que dão vida nova a fotos nas redes sociais mexem com a mente de adolescentes e adultos, criando padrões de beleza que não existiam. O lado positivo é o desenvolvimento criativo no uso de habilidades digitais e na mistura de recursos oferecidos pelos aplicativos de celular.

## E o mal...

- Imagem negativa – A busca pela perfeição em cada *selfie* pode criar frustrações ou choque com a realidade em relação ao próprio corpo, segundo especialistas.
- Mensagens de ódio – O espaço aberto para contatar qualquer pessoa nas redes sociais também é aproveitado por *haters*.
- Dados desprotegidos – com tanta informação sensível num mesmo lugar, vazamentos de dados e furtos de aparelhos se tornaram caso de polícia e criou-se um mercado paralelo de contrabando e furtos.
- *Fake news* – conteúdos duvidosos e manipulados circulam em uma velocidade impressionante, jamais vista.

## O que temos pela frente...

- O 5G promete uma revolução, mas não só para celular: muita coisa poderá ser conectada na cidade, na indústria e no campo. Aquele atraso em chamadas de vídeo está com os dias contados.
- Com telefones mais poderosos e conexões melhores, a realidade aumentada vai ter a chance de decolar de vez no Brasil. Ela acrescenta novas informações e interfaces "por cima" do mundo real, através da lente do celular.
- E tem quem aposte que finalmente o celular terá outros aparelhos como rivais. Mark Zuckerberg, chefe do Facebook, quer construir um mundo que mistura a realidade aumentada com a virtual (aquela dos *headsets*): o Metaverso. Será necessário? Hoje em dia o Metaverso também pode ser acessado pelo celular...

# LINHA DO TEMPO

- **2007** – Steve Jobs lança o iPhone. "Vamos reinventar o telefone", disse ele naquela época. E telefonar deixou de ser a função principal do celular. A revolução do iPhone foi permitir a criação de aplicativos diversos, abrindo espaço para funções que nem se imaginava ter no telefone.
- **2008** – Mas quem popularizou isso foi o Google, ao lançar o sistema Android, em 2008. Hoje ele roda em 80% dos celulares no mundo, segundo estimativa de 2020 da consultoria Counterpoint. Ao chegar ao celular, o Facebook agradou quem queria cada vez mais curtidas e superou o MySpace como a rede mais popular em 2008.
- **2009** – O WhatsApp, conhecido no Brasil como Zap, mudou tudo novamente. Foi lançado dois anos depois do iPhone e era grátis, enquanto o SMS era pago – e caro – no Brasil.
As mensagens já faziam parte do dia a dia dos brasileiros, mas foi o WhatsApp que tomou conta da troca de mensagens pelo celular.

- **2012** – Veio então o TikTok. Com a evolução dos vídeos curtíssimos – dancinhas, dublagens, dicas rápidas de como fazer tudo e qualquer coisa –, o *app* explodiria em audiência mundialmente no ano de 2019. Claro, tudo muito bem planejado: o sistema foi feito para deixar você horas vendo um vídeo atrás do outro.
- **2013** – Surgiram, então, os influenciadores profissionais. Câmaras melhores, conexões mais rápidas e a facilidade do celular ajudaram a transformar anônimos em estrelas.
  Esse mercado movimenta cerca de US$ 13,8 bilhões no mundo, segundo estimativa da consultoria Influencer Marketing Hub. E a câmera do celular se tornou fundamental no registro de fatos nestes últimos 15 anos.
- **2014** – O WhatsApp cresceu tanto que, nesse ano, foi comprado pelo Facebook por US$ 22 bilhões. Os *smartphones* evoluíram com a velocidade da luz, e surgiu também a câmera frontal. Ela levou as pessoas comuns para o centro das atenções. O Instagram fez sucesso com os filtros nas fotos e fez a busca por *likes* e seguidores aumentar. No Snapchat, as postagens sumiam depois de 24 horas. Foi sucesso instantâneo com os mais jovens.
- **2020** – O assassinato de George Floyd foi filmado por uma adolescente, nos EUA. No Brasil, celulares capturam cenas de desrespeito a medidas de controle da pandemia de covid-19. No Rio de Janeiro, por exemplo, na primeira semana de julho, na

cidade fluminense, um fiscal da vigilância sanitá-
ria interpelou um casal num estabelecimento, onde
não se respeitava o distanciamento social. O marido desafiou o fiscal dizendo que ele não tinha uma
trena para medir os espaços. O fiscal retrucou: "Tá,
cidadão." Mas a senhora foi adiante: "Cidadão, não.
Engenheiro civil formado, melhor que você". Dias
depois a engenheira química Nívea Del Maestro de
39 anos foi demitida da empresa de transmissão de
energia onde trabalhava.

# POSFÁCIO

Voltei para as quatro paredes de uma faculdade em 2018, na pós-graduação da Fundação Armando Álvares Penteado (Faap), em São Paulo. Debrucei-me por quase três anos sobre o curso de Marketing Digital, sob a batuta do professor Thiago Sanches Costa. Meu trabalho acadêmico de conclusão do curso se baseou em uma disciplina específica sobre a importância do celular e seu impacto na sociedade, ministrada pelo professor Fernando Dineli. Foi a partir dessa empreitada que passei a olhar para o celular como algo mais que um instrumento de tecnologia de comunicação pessoal, móvel e com conectividade digital, mas também como um poder tecnológico, capaz de mudar o comportamento do brasileiro em relação às instituições democráticas, representadas pelos poderes público e privado.

Pretendi, então, observar profundamente as relações entre os brasileiros e o uso diário do celular para criticar ou defender pessoas, governos, partidos políticos, empresas. Para isso, realizei uma maratona de entrevistas com renomados profissionais dos poderes público e privado, como Fernando Henrique Cardoso, sociólogo, acadêmico e ex-presidente da República; Nelson Jobim, acadêmico em Direito, ex-deputado federal e ex-presidente do Supremo Tribunal Federal; Persio Arida, economista, acadêmico e ex-presidente do BNDES e do Banco Central; Amos Genish, ex-presidente da Telefônica e da Vivo; Marcelo Kalim, banqueiro e sócio-proprietário do C6 Bank; os jornalistas Mario Sergio Conti, da GloboNews e colunista da *Folha de S.Paulo*; Reinaldo Azevedo, da *Folha de S.Paulo* e da BandNews; e Thomas Traumann, ex-ministro das Comunicações e colunista do *Poder 360*.

Além de farta pesquisa nos mais renomados veículos de comunicação em massa e em obras acadêmicas, realizei pesquisa com o público em geral. Este livro é, por fim, onde tudo se encaixa. Nele, se cruzam as reflexões de autores, pensadores, acadêmicos e especialistas. Contrapus, assim, aos dados do mercado nacional as respostas dadas pelo universo de respondentes dos questionários a fim de buscar uma unidade na conclusão. Mostram-se os meandros de reflexões levantadas, suas idiossincrasias e possíveis conclusões, revelando uma tendência explícita do comportamento do brasileiro em relação ao uso diário de seu melhor amigo, o celular.

Este livro, em um trabalho em conjunto com a Editora Contexto, é um desenvolvimento da minha pesquisa com atualização de vários dados para que você, leitor, possa refletir como temos transformado o país num faroeste digital, apenas com o porte de um celular. Somos viciados. Dependentes. E estamos armados. Prontos para atirar ou nos defender.

# NOTAS

[1] Seth Stephens-Davidowitz, *Todo mundo mente: o que a internet e os dados dizem sobre quem realmente somos*, Rio de Janeiro, Alta Books, 2018, p. 335.
[2] Ainda segundo a agência, o Brasil no início de 2022 estava em primeiro lugar no ranking de tempo de uso diário do celular, com 5 horas e 26 minutos, à frente da Indonésia, da Coreia do Sul, do México, da Índia e do Japão, respectivamente.
[3] Manuel Castells, *A crise da democracia liberal*, Rio de Janeiro, Zahar, 2017, pp. 565-6.
[4] Em entrevista exclusiva para a autora de Fernando Henrique Cardoso em 06/02/2020.
[5] Em entrevista exclusiva para a autora de Thomas Traumann em 22/11/2019.
[6] Em entrevista exclusiva para a autora de Reinaldo Azevedo em 25/02/2020.
[7] Em entrevista exclusiva para a autora de Marcelo Kalim em 22/10/2020.
[8] Em entrevista exclusiva para a autora de Mario Sergio Conti, colunista da *Folha de S.Paulo* e âncora da GloboNews, em 26/11/2019.
[9] Em entrevista exclusiva para a autora de Nelson Jobim em 04/12/2019.
[10] Em entrevista exclusiva para a autora de Persio Arida em 13/10/2019.
[11] Em entrevista exclusiva para a autora de Amos Genish em 10/03/2020.
[12] Marcelo Kalim, sócio fundador do C6 Bank, em entrevista exclusiva para a autora em 22/10/2020.
[13] "A língua das ruas: o impacto dos protestos de 2013 a 2016 nas eleições e na política brasileira", em *O Estado de S. Paulo*, disponível em <https://alias.estadao.com.br/noticias/geral,a-lingua-das-ruas-o-impacto-dos-protestos-de-2013-a-2016-nas-eleicoes-e-na-politica-brasileira,10000085191>, acesso em 12 nov. 2021; "Jornadas de Junho", disponível em <https://pt.wikipedia.org/wiki/Jornadas_de_Junho>, acesso em 5 maio 2020.
[14] Mario Sergio Conti, colunista da *Folha de S.Paulo* e âncora da GloboNews, autor do livro *Notícias do Planalto*, em entrevista exclusiva para a autora em 26/11/2019.

# CELULAR

[15] "A língua das ruas: o impacto dos protestos de 2013 a 2016 nas eleições e na política brasileira", em *O Estado de S.Paulo,* disponível em < https://alias.estadao.com.br/noticias/geral,a-lingua-das-ruas-o-impacto-dos-protestos-de-2013-a-2016-nas-eleicoes-e-na-politica-brasileira,10000085191>, acesso em 5 maio 2020.

[16] René Descartes – filósofo francês que marcou a visão do movimento iluminista colocando a razão humana como a única forma de existência. E imortalizou a frase: "Penso, logo existo".

[17] Fernando Henrique Cardoso, sociólogo e ex-presidente da República em entrevista exclusiva para a autora em 06/02/2020.

[18] Persio Arida, economista, em entrevista exclusiva para a autora em 13/10/2020.

[19] Marcelo Kalim, sócio-fundador do C6 Bank, em entrevista exclusiva para esta obra 22/10/2020.

[20] Genish em entrevista exclusiva para a autora em 10/03/2020.

[21] Nelson Jobim em entrevista exclusiva para a autora em 04/12/2019.

[22] Reinaldo Azevedo, colunista da Folha de S.Paulo e âncora do *É da Coisa*, da rádio BandNews FM.

[23] Zygmunt Bauman, *Modernidade líquida*, Rio de Janeiro, Zahar, 2001, p. 201-202.

[24] Zygmunt Bauman, *Modernidade líquida,* Rio de Janeiro, Zahar, 2001, p. 201.

[25] Hannah Arendt, *Crises da República*. 3. ed., São Paulo, Perspectiva, 1969, p. 129.

[26] Clay Shirky, *E lá vem todo mundo: o poder de organizar sem organizações*, Rio de Janeiro, Zahar, 2012, p. 295.

[27] Manuel Castells, *A crise da democracia liberal*, Rio de Janeiro, Zahar, 2017.

[28] "Secretário Roberto Alvim cita ministro nazista em pronunciamento", YouTube, disponível em <https://youtu.be/3lycKFW6ZHQ revisto em 14/02/20 >, acesso em 19 mar. 2020.

[29] Manuel Castells, *A crise da democracia liberal*, Rio de Janeiro, Zahar, 2017.

[30] "Justiça censura especial do Porta dos Fundos", *Folha de S.Paulo*, 9 de janeiro de 2020, A16.

[31] "Porta dos Fundos: foragido faz vídeo com ataques", *O Globo*, 10 de janeiro de 2020, p. 04.

[32] Manuel Castells, *Sociedade em rede*, São Paulo, Paz e Terra, 2013, pp. 565-6.

[33] Hootsuite, disponível em <https://pt.wikipedia.org/wiki/HootSuite>, acesso em 11 maio 2020.

[34] Fernando Henrique Cardoso, em entrevista exclusiva para esta obra em 06/02/2020.

[35] "Sleeping Giants Brasil", disponível em <https://sleepinggiantsbrasil.com/>.

[36] Persio Arida, em entrevista exclusiva à autora em 13/10/2020.

[37] Eduardo Fauzi – YouTube, disponível em: <https://youtu.be/04IIBDzyYs0>, acesso em 2 jan. 2020,

[38] "Justiça censura especial do Porta dos Fundos", *Folha de S.Paulo*, 9 jan. 2020, p. A16.

[39] YouTube, disponível em <https://youtu.be/V7qAmxHcqKA>, acesso em 9 jan. 2020.

[40] "Justiça decreta prisão de suspeito de atentado a sede do Porta dos Fundos", *Folha de S.Paulo*, 22 set. 2020, disponível em <https://www1.folha.uol.com.br/ilustrada/2020/09/justica-decreta-prisao-de-suspeito-de-atentado-a-sede-do-porta-dos-fundos.shtml?utm_source=whatsapp&utm_medium=social&utm_campaign=compwa>, acesso em 24 set. 2020.

# BIBLIOGRAFIA

ALBUQUERQUE, Ana Luiza; BALLOUSSIER, Anna Virginia. Justiça censura especial Porta dos Fundos. *Folha de S.Paulo*, 9 de janeiro de 2020. Ilustrada, A16.
ANATEL. Disponível em: <https://www.anatel.gov.br/setorregulado/telefonia-movel-universalizacao>. Acesso em: 5 abr. 2022.
_____. Relatório de acompanhamento do setor de telecomunicações – serviço móvel pessoal (SMP) – terceiro trimestre de 2018. Disponível em: <https://www.anatel.gov.br/institucional/component/pesquisa/view-results/module-393/searchterm-c21wIHRlcmNlaXJvIHRyaW1lc3RyZSBkZSAyMDE4>. Acesso em: 5 abr. 2022.
ARENDT, Hannah. *Crises da República*. 3. ed. São Paulo: Perspectiva, 2019.
BAUMAN, Zygmunt. *Modernidade líquida*. Rio de Janeiro: Zahar, 2001.
BENEVIDES, Bruno. Leis contra *fake news* se espelham pelo mundo. *Folha de S.Paulo*, 2 de janeiro de 2020. Poder, A8.
BIGARELLI, Barbara. Executivos adotam audiolivro para otimizar tempo livre. *Valor* Disponível em: <https://valor.globo.com/carreira/noticia/2020/02/17/executivos-adotam-audiolivros-para-otimizar-tempo-livre.ghtml>. Acesso em: 17 fev. 2020.
BRAGON, Ranier; RESENDE, Thiago; ONOFRE, Renato. Rodrigo Maia pede respeito a instituições, e Alcolumbre se cala. *Folha de S.Paulo*, 27 de fevereiro de 2020. Poder, A4.
BRUZZONE, Andrés. *Ciberpopulismo*: política e democracia no mundo digital. São Paulo: Contexto, 2021.
BUZZO, Brunba. Síndrome do pescoço de texto: a dor causada pelo celular. *Valor*. Disponível em: <https://www.ecycle.com.br/6184-sindrome-do-pescoco-de-texto-dor-no-pescoco-celular.html>. Acesso em: 5 abr. 2022.
CAPELAS, Bruno. Não tentamos influenciar as eleições. Nosso objetivo é dar voz às pessoas. Link, Entrevista, Mark Zuckerberg. *O Estado de S.Paulo*, 29 de setembro de 2019. Economia, B10.
CAPETTI, Pedro. Apagão financeiro. Bancos fecham agências e deixam mais cidades com serviços limitados. *O Globo*, 9 de fevereiro de 2020. Economia, 33.
CASTELLS, Manuel. *Sociedade em rede*. 23. ed. São Paulo: Paz & Terra, 2013. 630 p.

# CELULAR

_____. *A crise da democracia liberal*. Rio de Janeiro: Zahar, 2017. 150 p.

CAZES, Leonardo; SACONI, João Paulo; PIVA, Juliana Dal. Gabinete no Alvo. Facebook derruba páginas de assessoria da família Bolsonaro. *O Globo*, 9 de julho de 2020. País, 4.

CIPRIANI, Fábio. *Estratégia em mídias sociais*: como romper o paradoxo das redes sociais e tornar a concorrência irrelevante. 3. ed. Rio de Janeiro: Elsevier, 2015.

COLLUCCI, Claudia. Fake news *se espalha mais rapidamente do que coronavírus*. *Folha de S.Paulo*, 29 de janeiro de 2020. Metrópole, B2.

COUTO, Marlen. Um tuíte da Esplanada a cada quarenta minutos. *O Globo*, 2 de Janeiro de 2020. País, 4.

_____. No Twitter, base defendeu segurança com Moro. *O Globo*, 25 de janeiro de 2020. País, 08.

DATAREPORT. Disponível em: <https://datareportal.com/reports/digital-2020-brazil>. Acesso em: 20 jan. 2020.

FAORO, Raymundo. *A República em transição*: poder e direito no cotidiano da democratização brasileira (1982 a 1988). Rio de Janeiro: Record, 2018. 323 p.

GALLOWAY, Scott. *The Four*: The Hidden DNA of Amazon, Apple, Facebook, and Google. 2017/2018.

GIELOW, Igor. Maioria vê risco à democracia em atos e *fake news* contra Poderes. *Folha de S.Paulo*, 29 de junho de 2020. Poder, A4.

GOOGLE. Coronavírus: fev. 2020 até agora. Disponível em: <https://trends.google.com.br/trends/story/US_cu_4Rjdh3ABAABMHM_en_pt-BR>. Acesso em: 4 abr. 2022.

GULLINO, Daniel, MAIA, Gustavo. No Planalto uma central de estratégia digital. *O Globo*, 27 de outubro de 2019. País, 5.

HERZROM, Edomm; MOREIRA, Isabela. *Pós-verdade e Fake News*: os desafios do jornalismo na era do engano. Edição digital 922 KB. Eda e-Books, 2018.

HURK, Ann Marie Van Den. Social Media Crisis Communications: surviving a public relations. Digital edition – App Klindle 11495 KB. Indianapolis, Indiana, USA: QUE. 2013.

IG TECNOLOGIA. 69% dos brasileiros já têm acesso à internet pelo celular, afirma IBGE Disponível em: <https://tecnologia.ig.com.br/2018-04-27/acesso-a-internet.html>. Acesso em: 5 abr. 2022.

LEBRUN, Gérard. *O que é poder*. 5. ed. São Paulo: Brasiliense, 2017.

LEMOS, Iara. Projeto de Lei das *fake news* passa no Senado e vai à Câmara. *Folha de S.Paulo*, 1º de julho de 2020. A4.

LINDNER, Julia. Bolsonaro usa as redes sociais para driblar críticas. *O Estado de S. Paulo*, 8 de janeiro de 2020. Política, A6.

MARTINS, Ives Gandra da Silva. Liberdade de expressão ou de agressão? *O Estado de S. Paulo*, 21 de janeiro de 2020. Espaço Aberto, A2.

MATSUURA, Sérgio. Com identidade digital, Índia superou desafio de cadastrar população. *O Globo*, 2 de junho de 2020. Economia, 20.

_____. Ações do Facebook são "insuficientes" para proteger direitos civis. *O Globo*, 9 de julho de 2020. Economia, 19.

MCKINSEY&COMPANY – Transformação-digital-no-brasil. Estudo feito pela MCKinsey sobre a penetração do celular e outros aparelhos com conexão na internet no mercado brasileiro. Disponível em: <https://www.mckinsey.com/br/~/media/McKinsey/Locations/South%20America/Brazil/Our%20Insights/Transformacoes%20digitais%20no%20Brasil/Transformacao-digital-no-brasil.pdf>. Acesso em: 5 abr. 2022.

MELLO, Bernardo, SACONI, João Paulo, COUTO, Marlen. Anatomia da militância. Postagens em série, repetidas, e em intervalos curtos turbinam pautas bolsonaristas nas redes. *O Globo*, 27 de outubro de 2019. País, 4.

MINDMINERS - Informações sobre a empresa de pesquisa disponível em: <https://mindminers.com>. Acesso em: 4 maio 2020.

NETTO, Paulo Roberto; MOTTA, Rayssa. Interpol prende suspeito de ataque ao Porta dos Fundos. *O Estado de S.Paulo*, sábado, 5 de Setembro de 2020. Política, A6.

ONOFRE, Renato; MOURA, Rafael Moraes. CPI deixa apreensiva bancada da *selfie*. *O Estado de S. Paulo*, 6 de junho de 2019. Política, A10.

PAULO S. Rede de Mentiras. Notas e Informações *O Estado de S.Paulo*, 12 de Agosto de 2019, A3.

_____. Como lidar com discussão política no *Whatsapp* da família. *Folha de S.Paulo*, 17 de novembro de 2019. Poder, A15.

PAULO, S. As respostas do Congresso às *fake news*. *O Estado de S.Paulo*, 8 de julho de 2020. Notas e Informações, A3.

PAULUZE, Thaiza. CNJ decide afastar desembargador que ofendeu guarda em Santos. *Folha de S.Paulo*, 26 de agosto de 2020. Cotidiano, B5.

PORTINARI, Natalia, WASHINGTON, Luiz. Transparência na Internet: Senado aprova projeto de Lei para coibir *fake news*; proposta vai para Câmara. *O Globo*, 1 de julho de 2020. País, 8.

ROMANI, Bruno; TURTELLI, Camila; LINDNER, Julia. Facebook derruba rede ligada a Bolsonaro e filhos. *O Estado de S. Paulo*, 9 de julho de 2020. Política, Internet, A4.

ROSA, João Luiz. O mundo será mais digital depois da crise, diz Lambranho. Impactos do Coronavírus. Inovação: para presidente do conselho da GP, celular traz capacidade em decidir com base em dados. *Valor*, 1 de abril de 2020. Empresas, B7.

ROSENFIELD, Denis L. *O que é democracia*. 5. ed. São Paulo: Brasiliense, 1994.

SÁ, Nelson de. Não devemos entrar em pânico, e sim nos preparar para *deepfakes*. Entrevista Sam Gregory. *Folha de S.Paulo*, 17 de outubro de 2019. Poder, A10.

SACONI, João Paulo. Porta dos Fundos: foragido faz vídeo com ataques. *O Globo*, 2 de janeiro de 2020. País, 13.

SANTAELLA, Lucia. *Comunicação ubíqua*: repercussões na cultura e na educação. São Paulo: Paulus, 2014.

SHIRKY, Clay. *Lá vem todo mundo*: o poder de organizar sem organizações. Rio de Janeiro: Zahar, 2012.

SOPRANA, Paula. Projeto das *fake news* não considera privacidade, afirma relator da ONU. Entrevista: David Kaie. *Folha de S.Paulo*, Quarta-feira, 8 de julho de 2020. Poder, A9

_____; ONOFRE, Renato, MELLO, Patrícia Campos. Facebook remove contas ligadas a Bolsonaros e gabinete da Presidência. *Folha de S.Paulo*, 9 de julho de 2020. Poder, A4.

SOUZA, Rafael Nascimento de; SACONI, João Paulo. Governo vai pedir extradição de autor de ataque. *O Globo*, 2 de janeiro de 2020. País, 4.

STEPHENS-DAVIDOWITZ, Seth. *Todo mundo mente*: o que a internet e os dados dizem sobre quem realmente somos. Rio de Janeiro: Alta Books, 2018.

TELEFÔNICA, Fundação. A era digital pelo olhar dos jovens. *O Globo*, 3 de outubro de 2019. País, 9.

WASHINGTON, Luiz. Texto permite identificar quem produz conteúdo viral. Entrevista: Pablo Ortellado, professor. *O Globo*, 29 de junho de 2020. País, 6.

# A AUTORA

**Neuza Sanches** é jornalista e escritora. É também consultora de Marketing, Comunicação e *Compliance*. Trabalhou nos jornais *O Estado de S. Paulo*, *Folha de S.Paulo* e *O Globo*, e nas revistas *Veja* e *Época*. Foi *Chief Marketing Officer* (CMO) dos bancos J.P. Morgan, BTG Pactual e Mirabaud (neste caso, também em *Compliance*), além de ter atuado na Cisco. Fez pós-graduação em Marketing Digital na Fundação Armando Alvares Penteado (Faap) e em *Compliance* na Fundação Getulio Vargas (FGV/SP).

# Agradecimentos

Obrigada ao professor e coordenador da pós-graduação da Fundação Armando Alvares Penteado (Faap) Thiago Sanches Costa: aprendizado ímpar. Também aos professores Fernando Dineli, Lissandro Cordeiro e Antonio Sá e às professoras Ana Roberta Alcântara e Danielle Mendes Thame Denny.

E ainda aos colegas de turma da pós-graduação em Marketing Digital: Alex Sander Caetano, Andre Paiva, Beatriz Cazerta, Daiane Andrade, Danielle Albuquerque, Diego Oliveira, Guilherme Salazar, Joice Souza Melo, Juliana Moura, Leticia Leite, Marcella Thais, Marina Alfano, Monica Pereira da Costa, Natalia Hoegen e Pedro Carvalho.

O meu agradecimento especial ao Fernando Henrique Cardoso, Nelson Jobim, Persio Arida, Marcelo Kalim, Amos Genish, Aguinaldo Novo, Reinaldo Azevedo, Mario Sergio Conti e Thomas Traumann.

**GRÁFICA PAYM**
Tel. [11] 4392-3344
paym@graficapaym.com.br